15,-

Simon.

Kochbuch
Oder
kurtze und nutz-
liche Unterweisung
allerley Speise
und Gebackenes zu
machen, vor die
Ehr=und Tugendsa-
me Jungfer
JULIANA
ELISABETHA
VERIVON.
Zweybrücken den
6ten Decembris
1769.

„Die Köchin". Gemälde von
Jean Siméon Chardin, 1738.

Elisabethas Kochgeheimnisse

Barocke Tafelfreuden heute

Originalrezepte des 18. Jahrhunderts
aus dem Herzogtum Pfalz-Zweibrücken

Mit kulinarischen Empfehlungen
von Vincent Klink

einem historischen Beitrag
von Hermann Ebeling

und küchentechnischen Hinweisen
von Monika Bachmayer

Bearbeitet und übersetzt von Gerd Steuer

G. Braun

Dank

Herzlicher Dank gebührt unseren engagierten Probeköchinnen und -köchen, ohne deren Fantasie und Einsatzfreude es dieses Buch nicht gegeben hätte.

Günter Bachmann, Calw
Rainer Bartels, Pforzheim
Eva Dennler, Hedingen/Schweiz
Marlies Dreikluft, Karlsruhe
Eva Gensch, Baden-Baden
Gabriela Haßinger, Stundwiller/Elsass
Heidrun Hiller, Contwich
Dorothea Kallenberg, Stuttgart
Arno Reich, Pforzheim
Marion Sippel, Baden-Baden
Traudel und Martin Stieghorst, Karlsruhe
Marie-Luise Vanoli, Hördt

Dank auch an Frau Karola Steuer, Contwich, und Dr. Lothar Kintzinger, Zweibrücken, für wertvolle Hilfe.

© 2002 DRW-Verlag Weinbrenner GmbH & Co.

G. BRAUN BUCHVERLAG

Karl-Friedrich-Str. 14–18
76133 Karlsruhe
E-Mail: buchverlag@gbraun.de, www.gbraun.de

Gestaltung: Robert Dreikluft

Lektorat: Dr. Monika Bachmayer und Dorothee Kühnel

Druck: Karl Weinbrenner & Söhne GmbH & Co., Leinfelden-Echterdingen

Reprotechnik: Werbeagentur Dennig, 75196 Remchingen

Die Deutsche Bibliothek – CIP-Einheitsaufnahme
Elisabethas Kochgeheimnisse: barocke Tafelfreuden heute; Originalrezepte des 18. Jahrhunderts aus dem Herzogtum Pfalz-Zweibrücken/mit kulinarischen Empfehlungen von Vincent Klink, einem historischen Beitrag von Hermann Ebeling, küchentechnischen Hinweisen von Monika Bachmayer. Bearb. von Gerd Steuer. – Karlsruhe: Braun, 2002

ISBN 3-7650-8274-0

Bildnachweis

Florian Adler, Heidelsheim: 32 rechts, 41, 66, 85, 91 unten, 100, 103, 104, 105, 115, 116, 118

Archiv für Kunst und Geschichte, Berlin: Titelbild

Badische Landesbibliothek Karlsruhe: 28, 45, 46, 64, 68, 70, 72, 73, 74, 75, 80, 88, 112

Gerhard Bäuerle, Gärtringen: 29 links, 91 oben, 111

Bayerische Staatsgemaldesammlungen München: 15

Robert Dreikluft, Karlsruhe: Schmutztitel, 13, 17, 30, 38, 39, 40 unten, 65, 71, 78, 102, 110

Galerie d'Art St. Honoré, Paris: 81, 90

Galerie Lingenauber, Düsseldorf: 8/9

Marie-Louise Gräfin von Mandelsloh, Hechendorf: S. 36, 42, 101

Galerie Mühlenmeister, Solingen: 93

Historisches Museum Hannover (Ulrich Ahrensmeier, Garbsen): 23, 34, 43

Andreas Keil, Karlsruhe: S. 44

The Matthiesen Gallery, London: 21

Münzen- und Antiquitätenhandlung Gerd Steuer, Homburg/Saar (Florian Adler): 11, 18, 19, 29 rechts, 40, 48, 49, 50, 51, 55, 57, 67, 84, 94, 108

Musée des Arts Décoratifs, Paris: 25

Musée du Louvre, Paris: 87

Museum Boijsman van Beuningen, Rotterdam: 114

Museum für Kunst und Gewerbe, Hamburg: 59, 95

Ostmann Gewürze, Bielefeld: 77

Saarland Museum, Saarbrücken: 31, 35, 96, 113

Staatliche Kunsthalle, Karlsruhe: 32, 62, 86

Stadtmuseum Zweibrücken: 37, 96, 106, 109, 117

Staatliche Museen Berlin, Preußischer Kulturbesitz: 92

Stiftung Preußische Schlösser und Gärten Berlin-Brandenburg, Potsdam: 2

Württembergisches Landesmuseum, Stuttgart: 54, 60, 69

Inhalt

- **8** *Barocke Küche – modern betrachtet*
  Vincent Klink
- **11** *Barocke Küche – historisch gewürdigt*
  Hermann Ebeling
- **21** *Barocke Küche – leicht(er) gemacht*
  Monika Bachmayer

- **27** **Suppen**
  - 28 *Krebs-Suppe*
  - 29 *Wein-Suppe*
  - 29 *Bier-Suppe*
  - 30 *Hahn-Butten Suppe*
  - 31 *Ein Eyer-Gerst*
  - 32 *Butter-Klößger*
  - 32 *Eyer-Wammer*
- 33 *Schockolat Suppe*
- 33 *Eine gute Wasser-Suppe*
- 34 *Eine gute grüne Suppe*
- 35 *Eine Jus (Schie) Suppe*
- 36 *Mandel Supp zu machen*

- **37** **Fleisch**
  - 38 *Einen Hammelsschlägel zuzubereiten*
  - 39 *Hammels-Zungen und Wädel*
  - 40 *Gefült Hammelfleisch in Sardellen*
  - 41 *Einen guten Hamelsschlögel zu stopfen*
  - 42 *Ein gefülte Kalbs-Brust in einer Ragout oder Tunke*
  - 43 *Kalbs-Kottlet zu machen*
- 44 *Kalbfleisch zuzurichten*
- 45 *Kalbs-Leber zuzurichten*
- 46 *Blanc mancheé; das ist die weise Gallerey*
- 46 *Den Gelée macht man auf folgende Art*
- 47 *Rückel Schnitten zu machen*
- 48 *Rindfleisch auf eine besondere Art zuzurichten*
- 48 *Rindfleisch mit Rahm*
- 49 *Eine Rindszunge zuzubereiten*
- 50 *Eine Rinderzunge zu kochen*
- 51 *Languer fourres*
- 52 *Knack würst zu machen*
- 52 *Schwarten Mägen zu machen*

- **53** **Geflügel**
  - 54 *Gebackene Gänß-Leber*
  - 55 *Gestopfte Hahnen mit gefülten Krebsen zu machen*
  - 56 *Einen Capaun zu stopfen*
  - 57 *Ein Huhn mit einer (Jus)Schie-Brüh*
  - 58 *Tauben zu kochen in Sardellen*
  - 59 *Gebackene Tauben zuzurichten*
  - 60 *Tauben-Compote*

61 Fisch und Schalentiere

62 *Austern zu machen*
63 *Krebs-Plättlein*
64 *Weck mit Krebs gefüllt*
65 *Einen guten Krebskuchen zu machen*
66 *Krebs Eyter zu machen*
67 *Einen Haering-Salat zubereiten*
68 *Einen Aal zu braten*
69 *Gute Hechten zu kochen*
70 *Hechten zu kochen in Sardellen*
71 *Gebackenen Hecht in Sardellen*
72 *Forellen in einer braunen Brühe*
72 *Salmen zu sieden*
73 *Forellen schön blau zu sieden*
73 *Grundlen blau zu sieden*
74 *Grundlen zu kochen*
75 *Ein fricasirter Karpf*
76 *Karpfen zu füllen*
77 *Karpfen mit einer braunen Sose zuzubereiten*
78 *Eine gute Sardellen Soß*

79 Pasteten und Eierspeisen

80 *Salmen-, Forellen- oder Salming Pastet*
81 *Tauben Pasteth*
82 *Eine kalte Pastet*
83 *Eine sauer süsse Pastet*
84 *Wildbretts Pastetger*
85 *Eine gute Eyertart zu machen*

85 *Eyer-Käß zu machen*
86 *Gefüllte Eyer von P. G. s.*
87 *Eyer-Kuchen mit Sardellen*
88 *Zwey gebackenes*
88 *Einen Dicken Pfannkuchen zu machen*

89 Obst und Gemüse

90 *Gefüllte Citron*
90 *Citronen zu backen*
91 *Gefüllte Äpffel zu machen*
92 *Mirabellen einzumachen*
92 *Gute Kirschen einzumachen*
93 *Einen guten Kirschensaft zu machen*
94 *Gefülte Artischocken*
95 *Ein gefüllt Weiß Kraut zu machen*
96 *Eine gute faste Speis zu machen*

97	**Gebäck, Kuchen und Süßspeisen**
98	Mandel-Muschlen
98	Zimmet-Kränze
99	Wein-Gebackenes
99	Geduld Taflein
100	Mandlen zu rösten
100	Marzepan zu machen
101	Macronen Tärtlein
101	Macronen zu machen
102	Schwaben Küchlein
102	Mandel-Knöpflein
103	Mandel Körpfflein
103	Einen Mandel-Teig zu machen
104	Zimmet Waflen
104	Mandel Hippen zu machen
105	Basler-Küchlein
105	Gute Hirschhörner zu backen
106	Strauben zu backen
106	Mandel-Sträublin zu backen
107	Mandel Herzger
107	Greine Brule
108	Einen Schnee zu machen aus Mandelmilch
108	Die trockene Massa zur Mandelmilch zu machen
108	Mandelmilch zu stopffen
109	Oster-Fladen
109	Nonnen förtz zu machen
110	Schnecken-Nudlen
110	Gute gebackne Fisch
111	Einen Kayser Kuchen zu machen
112	Ein Kirschen-Tart
113	Rahm Tart
114	Eine Brod-Tart zu machen
115	Ein guter Türkischerbund
115	Kugel Hopf
116	Backofen Küchlein
116	Mandel-Kuchen zu machen
117	Ein Mandelprey von Reiß
117	Eine Reiß-Tart
118	Pfüttlen zu backen
118	Wasser-Pfütlen
119	**Glossar**

„Präsentieren und servieren, flattieren und pokulieren". Rituale, die in charmanten Scherenschnitten festgehalten wurden.

Barocke Küche – modern betrachtet

Die Kunst des guten Geschmacks hängt, bei Gemälden wie bei Speisen, von den Zutaten ab. Meisterkoch Vincent Klink bringt sie „vom Markt frisch auf den Tisch" …

… und der Maler Pietro Paolo Bonzi arrangiert sie zu Anfang 18. Jahrhunderts sorgfältig im Bild.

Als junger Koch, gleich nach der Lehre, stand ich des Öfteren vor der Kochkunstbibliothek meines Vaters. In den Regalen drängten sich meterweise und voller Würde Dokumente der menschheitsalten Sehnsucht nach gutem Essen und Trinken. Allerdings kamen mir damals die gesammelten Lebenserfahrungen eines Antonin Carême, eines Anthelme Brillat-Savarin oder die gutsherrlichen Zurechtweisungen von Carl Friedrich von Rumohr recht behäbig und überholt vor. Inmitten der Nouvelle-Cuisine-Zeit, als zielstrebiger Küchenrevoluzzer, kurzum, aus dem damals beschränkten Blickwinkel des Jungkochs, kamen mir alte Kochbücher geradezu reaktionär vor, selbst dann, wenn ein Buch darunter war, das, ich besitze es heute noch, frech den Titel „Nouvelle Cuisine" trug; ein Druck von 1796! Dennoch: Wer sich ernsthaft mit Küchen- und Tafelkultur beschäftigt, kann vor alten Kochbüchern nur bescheiden werden.

Damals wie heute strebt man nach Neuem, und das ist auch richtig so. Gute Küche braucht ständige Erneuerung. Manch einer wird, wie ich seinerzeit, ausrufen: „Wozu der alte Krempel, schaut lieber nach vorn!" Wo aber liegt dieses Vorn, wenn wir nicht wissen was hinter uns ist? Wenn wir in fremde Länder reisen, um deren Sitten und

Gebräuche zu studieren, bekommen wir den leichtesten Zugang bei Tisch. Dies gilt auch bei Reisen in die kulinarische Vergangenheit. "Sage mir was du isst, und ich sage dir, wer du bist," mag als ein etwas banaler Hinweis erscheinen, trifft aber den Kern der Sache. Wir führen uns die vergangene Zeit um so intensiver vor Augen, ja wir können sie sogar mit allen Sinnen erleben, je mehr wir uns den gedeckten Tischen zuwenden. Küchenkunst und Tafeleien des Adels sind ausgiebig erforscht und dokumentiert. Geschriebenes aus Klöstern, Burgen und Schlössern hat die Zeiten in Archiven besser überlebt, als die ohnehin selteneren Aufzeichnungen der Bürger, die auch häufig des Aufhebens nicht für wert erachtet wurden. Für mich ist es jedoch besonders spannend zu erfahren, wie "meinesgleichen" lebte. Da kommen mir Juliana Elisabethas Kochaufzeichnungen für die kulinarisch fast legendäre Barockzeit gerade recht.

Das Buch ist eines der ganz wenigen erhaltenen bürgerlichen Kochbücher Deutschlands im 18. Jahrhundert, mit vielen Süßspeisen und zahlreichen Fleisch-, ja sogar Luxusgerichten. Interessanterweise enthält es Anweisungen, die bis heute als höchst fortschrittlich gelten dürfen. So ist etwa das Abbinden von Suppen und Saucen mit Ei und Sahne durchaus allgegenwärtig, während man sich in unserer Zeit nur mühsam von pappigen Mehlschwitzen und ähnlich kalorienreichen Gebräuchen entfernt. Modern ist auch die Kombination Fisch, also von Schalentieren und

Sardellen, mit Fleisch. Das berühmte Huhn mit Krebsen, die napoleonische Siegesspeise nach der Schlacht bei Marengo, so tituliert und genuin in die Geschichte eingegangen, könnte, lässt man die Fantasie spielen, direkt aus Juliana Elisabethas Kochbuch abgeschrieben sein.

Verfolgt man die Küchenhistorie von den Römern bis in das letzte Jahrhundert, waren Sardellen stets so wichtig wie die heute als omnipotent geltenden Geschmacksverstärker à la Maggi oder Fondor. In der Tat entspricht die geschmackliche Abrundung mit Sardellen ungefähr der Wirkung von Glutamat. Florentiner Spinat, auch schon um die Mitte des achtzehnten Jahrhunderts bekannt, beinhaltet heute noch als wichtigste Würzsubstanz eine relativ große Menge Sardellen. So wurde ein vegetarisches Gericht mit den Aromen versorgt, die wir am Fleisch so lieben.

Die Rezepte lesen sich wirklich „barock" verschnörkelt und mithin ungewohnt. Aber es macht Spaß, die langen Sätze zu verfolgen, die blumigen Redewendungen nachklingen zu lassen und letztlich, auch das ein nostalgisches Vergnügen, festzustellen, dass unsere Sprache arm wie eine Kirchenmaus geworden ist. Trotzdem wäre es falsch, Juliana Elisabethas Aufzeichnungen ausschweifend zu nennen. Sie sind durchaus lexikalisch knapp und geben präzise Anweisungen, setzen allerdings auch viel Können und manches Wissen voraus, um die typische, nuancenreiche Geschmacksfolge barocker Speisen zu erzielen; ein kulinarisches Erlebnis, das keinen Vergleich zu scheuen braucht. Da werden zum Beispiel Artischocken gefüllt und ihre Zubereitung detailliert beschrieben. Beim Lesen dieses Rezepts denke ich unweigerlich an einen meiner Stammgäste, der vor Jahren bei mir seine erste Artischocke mit „Haut und Haaren" verspeiste. Rettend wollte ich zu Hilfe eilen und traf auf herrliches Selbstbewusstsein: „Ich tu sie moschten." Der Gast legte das Holzige, Zerkaute als „Gewölle" an den Tellerrand. Jedem Leser von Elisabethas Buch wäre dieser heroische Kampf erspart geblieben. Es hätte ihn mit der Einsicht versehen, dass auch die Artischocke schon vor Hunderten von Jahren souverän gehandhabt wurde und er als moderner Artischocken-Gourmet keineswegs Experimentalstudien betreiben muss, sondern sich auf delikate Traditionen verlassen kann.

Barocke Küche – historisch gewürdigt

Kochbücher teilen ihr Schicksal mit Kinderbüchern, mit Gebrauchsanweisungen, mit Zeitungen und Kalendern: Sie sind für den alltäglichen Gebrauch bestimmt, sie gehen aus dem Leim, zerfleddern, verlieren Seiten; von den speziellen Gefahren, die dem Kochbuch in der Küche drohen einmal ganz zu schweigen: Wasserschäden und Soßenflecke, Ruß und Rauch, Fettfinger und das frühere offene Herdfeuer. Um so größer dann die Freude, wenn ein gut erhaltenes Exemplar aus vergangener Zeit auftaucht, ein handgeschriebenes sogar, in unserem Fall ein Manuskript aus dem Jahre 1769, das der Antiquar, Bücher- und Kunstfreund Gerd Steuer vor einigen Jahren erwerben konnte. Voller Neugier hat er die mühsame Arbeit des Transkribierens aus der schwungvollen alten Handschrift auf sich genommen und die 137 Rezepte entschlüsselt, auf deren dekorativ und liebevoll gestaltetem Deckblatt zu lesen ist:

Kochbuch
Oder kurze und nützliche
Anweisung allerley Speise und
Gebackenes Zu machen,
vor die ehr- und Tugendsame Jungfer
JULIANA ELISABETHA
VERSIVOIN
Zweybrücken den
6ten Decembris 1769

Bestens präsentiert ist der Titel des Rezeptbuches der Jungfer Juliana Elisabetha auf einem Teller aus dem Frankenthaler Hofservice ihres Landesherrn Herzog Karl II. August, 1777.

Steuers weitere Recherchen brachten es dann ans Licht: Die Jungfer Juliana Elisabetha wurde 1752 als Tochter des Zweibrücker Rotgerbers Gottfried Versivoin und seiner Ehefrau Anna Elisabetha Culmann, einer Pfarrerstochter, geboren. Sie war siebzehn Jahre alt, als sie das Buch geschenkt bekam, fünf Jahre später heiratete sie in Gutenbrunnen bei Zweibrücken, dem Sitz der Zweibrücker Porzellanmanufaktur, den sechs Jahre älteren Peter Reinhard Ackermann, der als Oberförster im Dienste der Herzöge von Zweibrücken stand. 1801 ist Juliana Elisabetha gestorben.

Was ihr Kochbuch angeht, so waren hinter den Rezeptseiten noch Blätter frei, die für die verschiedensten Notizen benutzt wurden. Diverse Geldgeschäfte sowie Mitgiftverzeichnisse der Ackermann'schen Töchter finden sich hier, wir haben es also mit einem Haushaltsbuch besonderer Art zu tun. Der bis in das Jahr 1820 reichenden Auflistung verschiedener Darlehensvergaben ist es vermutlich zu danken, dass das Buch die Zeiten überdauert hat. Auch können wir aus den verzeichneten Summen schließen, dass die Familie durchaus wohlhabend gewesen sein muss. Einer der Schuldner war der Zweibrücker Klavierbauer Carl Baumann, dessen Instrumente von Wolfgang Amadeus Mozart geschätzt und gespielt wurden. So ist das Klavier, das im Heiratsgut der ältesten Tochter Luise als „Klavier von Carl Baumann" im Wert von 38 Gulden auftaucht, in illustrem Zusammenhang zu sehen und zugleich ein Hinweis auf das Umfeld, in dem das Kochbuch entstand.

Zurück aber zu den eigentlichen Rezepten, die zwar nummeriert, aber sonst ohne erkennbare Ordnung und Gliederung aufgeführt sind. Die Autorin hat offensichtlich nacheinander notiert, was gerade aktuell und des Aufschreibens wert war, so dass die Basler Lebkuchen vor den Rahmnudeln stehen und die gefüllte Zitrone vor der gekochten Rinderzunge. Damit dieser anspruchsvolle, sogar mit Leder gebundene Band im Lexikonformat, damit dieser glückliche Fund, in seiner vollen Bedeutung als küchenhistorische Quelle ersten Ranges für die bürgerliche Kochkunst des ausgehenden Barockzeitalters angemessen gewürdigt werden kann, wollen wir versuchen, den zeitgeschichtlichen Hintergrund lebendig zu machen.

Wir blättern also in Texten der damaligen Zeit. So sind im Jahre 1770 in einem Westfälischen Wochenblatt die „Klagen einer Hauswirtin" zu lesen: „Ich weiß mit Wahrheit nicht, wie eine ehrliche Frau diesen Winter sich mit ihrem Haushalt noch durchbringen will, da alles, was zur Leibes Notdurft und Nahrung gehört, immer teurer wird. (…) Wo die Schweine es nicht noch einigermaßen wieder gut machen: so sehe ich keinen Rat. Denn das eingeschlachtete Kuhfleisch verschwindet im Topfe, und fettes Vieh will man wegen der leidigen Seuche noch nicht durchlassen. Talg und Käse sind natürlicherweise auch gestiegen. (…) Alles wird auf das liebe Brot fallen, und dieses ist uns

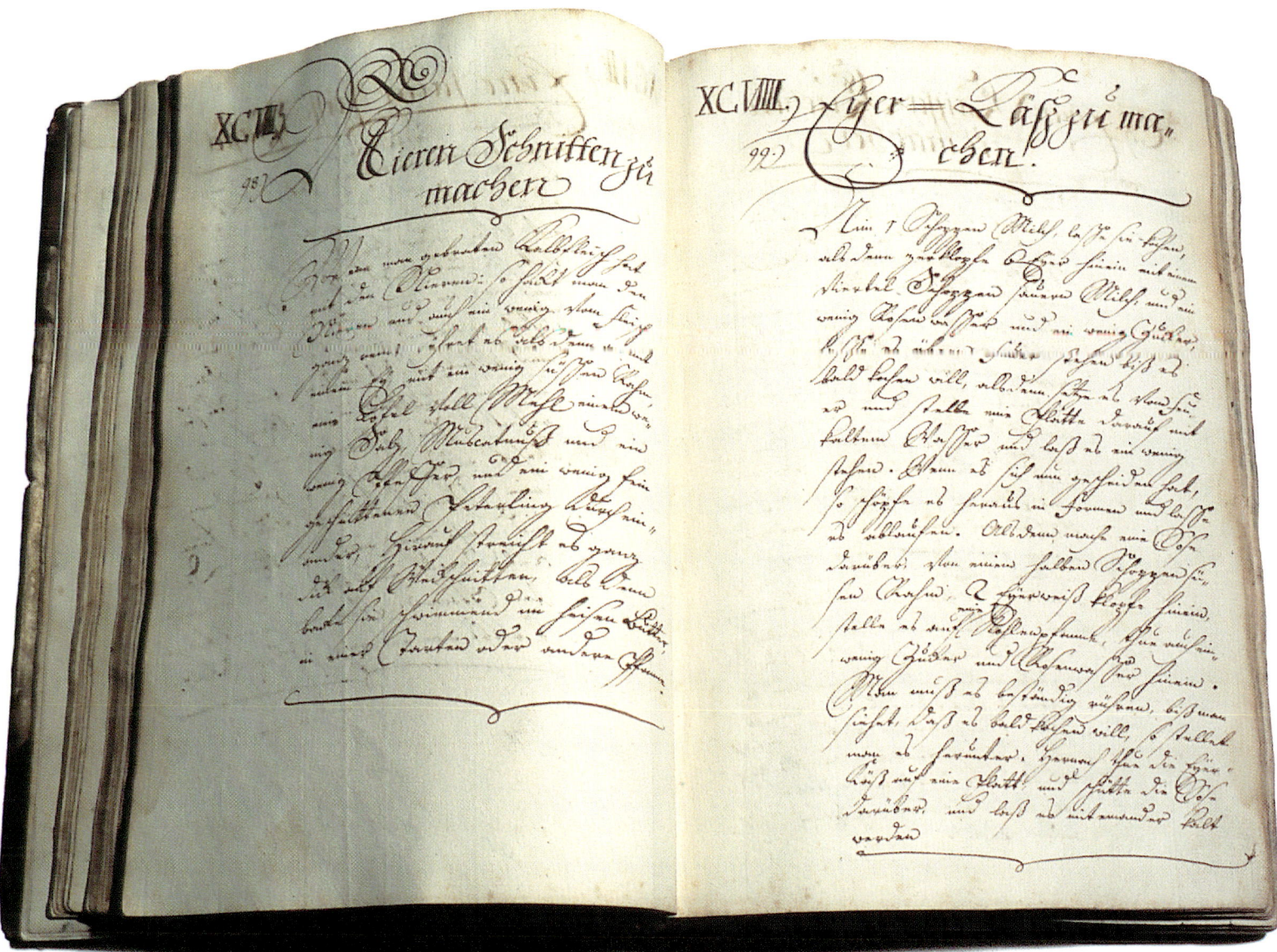

Faksimile aus Juliana Elisabetha Versivoins Rezeptbuch. Die Seiten sind im Original 19 Zentimeter breit und 26 Zentimeter hoch.

leider heuer so sparsam zugewogen, dass man es den Arbeitsleuten wohl wieder zuwägen möchte. Kurz, wer dieses Jahr mit Ehren durchkommt, der kann von Glück sagen."

Hinter den vermeintlich weiblichen Klagen versteckt sich ein Mann, der westfälische Politiker und Schriftsteller Justus Möser, der immer den Alltag der kleinen Leute im Auge behielt, auch den der Frauen, der Hauswirtinnen und Mütter, ja auch den der Kammerzofen und Hofdamen. Hier geht es um das magere Jahr 1770, es fragt sich allerdings: mager für wen? Für die Hauswirtin oder für das Gesinde? „Das Schlimmste bei dem allen ist, dass das Gesinde in hiesigen Gegenden immer gleich üppig und kostbar bleibt und durch keine Ermahnung dahin zu bringen ist, sich mit Brot und Käse ohne Butter zu begnügen. Anderwärts hat man Birnmus, Zwetschgenmus und Möhrensaft statt der Butter. In Frankreich sind eine Zwiebel und drei Kastanien eine herrliche Mahlzeit (…) Das Gesinde würde einen auslachen, wenn man ihm, wie in Böhmen, Brot und Salzgurken und des Sonntags ein paar Senfbirnen vorsetzen wollte. (…) Hier schreit alles nach Fleisch und ist kaum mit einerlei zufrieden."

Herrscht also Mangel oder sind die Leute bloß unzufrieden? Es ist Vorsicht geboten beim Studium alter Kochbücher oder überlieferter Speise- und Menüpläne. Essen und alles, was damit zusammenhängt, war immer mehr als eine Notwendigkeit, Demonstration von Macht und Einfluss, Hinweis auf den sozialen Status – selbst die Uhrzeit zum Beispiel, zu der man speiste, hatte ihre Bedeutung: je vornehmer, desto später setzte man sich zu Tisch.

So steckt auch unser Kochbuch voll der verschiedensten Auskünfte. Man spürt schnell an der Auswahl und Beschaffenheit der aufgezeichneten Gerichte, dass es da nicht um eine Arme-Leute-Küche geht. Es gibt zwei Dutzend Fleisch- oder Geflügelgerichte, eine große Auswahl an Fisch und Schalentieren, die man neben eine Gesindeordnung von 1767 aus dem Schwäbischen stellen könnte, die folgendes vorschreibt: Suppe und gewässertes Hafermus am Morgen; Suppe, ein Körnermus in Wasser, Rüben oder Kraut, einen Schluck Milch und ein Stück Brot am Mittag; gebranntes Hafermus, Kraut oder Rüben und ein Schluck Milch am Abend. Und so die ganze Woche, das ganze Jahr hindurch. Fleisch gab es nur zu den höchsten kirchlichen Feiertagen.

In der bürgerlichen Küche Zweibrückens dagegen wird ganz selbstverständlich Butter verwendet und auch Weißbrot. Gerichte werden mit Wein zubereitet, mit ausgeschnittenen Papierformen dekoriert, von den zwei Dutzend Rezepten für Kuchen und Plätzchen und von den Süßspeisen, bei denen die teuren Mandeln bevorzugt werden, gar nicht zu reden. Man war selbstbewusst in der Familie eines Gerbers, man war standesbewusst in der Familie eines Oberförsters, schließlich war man Oberförster im Dienste der Herzöge von Zweibrücken – und das war etwas.

„La ratisseuse", die Rüben-
putzerin. Gemälde von Jean
Siméon Chardin, um 1738,
Öl auf Leinwand.

Eine kurze Beschreibung Zweibrückens aus den Jahren um 1770 stammt von Johann Wolfgang von Goethe, der damals in Straßburg Jura studierte und eine Erkundungsreise über Zabern bis nach Saarbrücken und zurück nach Sesenheim machte. Auch wenn für Zweibrücken nicht viel Zeit geblieben war, gibt es doch in „Dichtung und Wahrheit" ein kleines Porträt der Stadt: „Wir warfen einen Blick auf das große, einfache Schloss, auf die weitläufigen, regelmäßig mit Lindenstämmen bepflanzten, zum Dressieren der Parforcepferde wohleingerichteten Esplanaden, auf die großen Ställe, auf die Bürgerhäuser, welche der Fürst baute, um sie ausspielen zu lassen. Alles dieses, sowohl Kleidung und Betragen der Einwohner, besonders der Frauen und Mädchen, deutete auf ein Verhältnis in die Ferne und machte den Bezug auf Paris anschaulich, dem alles Überrheinische seit geraumer Zeit sich nicht entziehen konnte."

Vielleicht ist Goethe damals auch durch die Straße gekommen, in der die Gerber ansässig waren; vielleicht gehörte die Demoiselle Versivoin zu den Mädchen, an deren französischen Charme sich der Dichter noch vier Jahrzehnte später erinnerte? Aber statt solcher Spekulationen sollten wir uns lieber mit dem sicheren Terrain bürgerlichen Hauswesens befassen. Wie sah es aus in einem Bürgerhaus jener Zeit? Wie können wir uns die Wohnung vorstellen, die Juliana Elisabetha als junge Ehefrau bezog? Vielleicht so, wie sie Meta Klopstock 1756 ihrer Schwester beschreibt: „Zur Rechten in der Wohnstube geht eine Tür in die Küche, eine Tür mit einem kleinen Fenster und einem kleinen grünen Vorhang (…). Aus der Küche geht eine Tür auf den Hof, worauf ein Brunnen. Verschlossne Holz- und Torfscheuer, die Treppe nach dem Keller, unter der Küche, und meine Enten, Gänse, Kalikuten und Hühner sind. Auf dem Hof ist auch noch ein Waschhaus, welches ich mit meiner Wirtin gemeinschaftlich habe. Zwei Treppen hoch im Hause, auf eine Etage, habe ich noch zwei Kammern, eine zu Fleisch, Äpfel, Kohl und dergleichen, die andre zu Unkram und den Kisten, die ich nicht täglich brauche, denn alle meine weiße und schwarze Wäsche habe ich in den täglichen Stuben zu verteilen gewusst."

Nur ein kleiner grüner Vorhang an der Küchentür wird erwähnt, der Rest war wohl selbstverständlich: das Kücheninventar der Zeit. Anhand alter Abbildungen kann man sich ein Bild von dessen Wandel machen. Immer war der Herd der wirkliche oder der geheime Mittelpunkt des Hauses und bis in die neueste Zeit hinein war das Leben, wenn es sich rund um den Herd abspielte, auch immer ein Leben in Hitze, Qualm und Rauch. Ursprünglich lag die offene Feuerstelle zu ebener Erde und sie wurde nur zögernd im Lauf der Jahrhunderte angehoben. Seit dem 16. Jahrhundert etwa gab es dann in bürgerlichen Küchen gemauerte Herde, an denen man im Stehen hantieren konnte. Aber das Herdfeuer war immer noch ein offenes Feuer. Davon geht auch das

Dame im Rokokokostüm mit Fächer. Geschnitztes Zuckerbäckermodel, 1771.

Kochbuch der Juliana Elisabetha aus: Hammelschlegel oder Reistorte etwa werden vier oder sechs bis acht Stunden in heiße Asche gestellt, auf den Topf mit den Rahm-Nudeln wird zusätzlich zum Feuer unter dem Topf auch obendrauf Feuer gelegt. Und Knackwürste werden 14 Tage lang in den Rauch gehängt. Oder die Zuckerkruste der Crème brulé mit einer heißen Kohlenschaufel zum Schmelzen gebracht.

Eine große technische Neuerung waren im 18. Jahrhundert die aus Frankreich kommenden so genannten Castrol-Herde (von Kasserolle), die einen geschlossenen Feuerraum und eine Herdplatte mit Öffnungen für die Töpfe besaßen. Doch das war vorerst ein großer Luxus, den sich nur wenige leisten konnten. Vorausgesetzt wird in unserem Kochbuch ein Backofen, wobei allerdings nicht klar ist, ob der wirklich in der eigenen Küche steht oder ob man ins gemeinschaftliche Backhaus oder zum Bäcker geht. So soll man die Mandel-Muscheln im Backofen „nach dem Brot" backen. Das wird auch für die Backofen-Küchlein empfohlen, ein „guter Türkischerbund" aber kann, ganz wie man will, auf Kohlen oder im Backofen gebacken werden. Auch von den Küchengeräten kann man sich an Hand der Rezepte ein Bild machen: Es gibt die Kohlenpfanne, eine Tartenpfanne und eine irdene Pfanne, eine Kasserolle, den Stollhafen und das Waffeleisen, ein Seihbecklein (Sieb) und ein Beslein für die Sahne, nicht zu vergessen die Schere, um Papierblumen oder Papiersterne auszuschneiden, und der Fingerhut, den man braucht, um auf einem Brotteig bei einem „gefüllten Karpfen" die Schuppen zu imitieren. Aus solchen Details kann man sich das alltagstaugliche Bild einer Küche des 18. Jahrhunderts zusammensetzen, zu der die uneitle Selbstverständlichkeit unseres Kochbuchs sehr gut passt. Dessen Wert lag für seine Besitzerin nicht zuletzt darin, dass es handgeschrieben war, dass es also ganz persönliche Ratschläge enthielt. Daraus erklärt sich wohl auch das Fehlen solider Beilagen- oder auch Gemüserezepte, deren Kenntnis bei der Beschenkten einfach vorausgesetzt wurde. An professionellen Kochbüchern war, auch im Jahre 1769, kein Mangel: „deren Hunderte schon die eifrigen Pressen uns gaben", wie es bei Goethe in einer Epistel heißt.

Noch im 15. Jahrhundert, wenige Jahrzehnte nach Gutenbergs Erfindung, war das erste gedruckte deutsche Kochbuch erschienen: die „Küchenmeisterey". Das erste Kochbuch einer Frau kam mit Anna Weckers „Köstlich neu Kochbuch" im Jahr 1597 heraus. Wieder ein Jahrhundert später wurde eines der Lieblingskochbücher des 18. Jahrhunderts veröffentlicht, dessen barocker Titel – in unvollständiger Länge zitiert – lautete: „Der aus dem Parnasse ehmals entlaufenen vortrefflichen Köchin, welche bei denen Göttinnen Ceres, Diana und Pomona viele Jahre gedient, hinterlassene und bisher bei unterschiedlichen der löblichen Koch-Kunst beflissenen Frauen zu Nürnberg zerstreut und in

Christian IV., Pfalzgraf und Herzog von Pfalz-Zweibrücken (1722–1775), Porträt von Johann Georg Ziesenis, 1740 gemalt.

großer Geheim gehalten gewesene Bemerkzettel, woraus zu erlernen, wie man tausendneunhundertacht- und zwanzig sowohl gemeine als rare Speisen, in Suppen, Musen, Pasteten, Brühen, Essigen, Salaten, Salsen, Sulzen, Vor-Richten, Neben-Essen, Eiern, (...) zu kochen, auch zu welcher Zeit man alle Zugehörungen einkaufen und bemeldete Speisen auftragen solle."

Wie schlicht nimmt sich dagegen der Titel unseres Zweibrücker Kochbuchs aus. Das ist allerdings kein Zufall, sondern eine Frage des Zeitgeschmacks. Die dem Parnass entlaufene Köchin lebte, kochte und schrieb im (höfischen) Barock. Juliana Elisabetha, sechs Jahrzehnte später, servierte ihre Gerichte auf (bürgerlichem) Rokoko-Geschirr. Aber auch in der Kochkunst selbst war ein Wechsel, eine Revolution in der Küche, im Gang. Schon um 1700 begann man, sich von den Tafelorgien des eigentlichen Barock zu lösen. Die gewaltigen Fleischberge, die überschwappenden Terrinen und die überbordenden Platten verschwanden und machten einer leichteren, aber auch raffinierteren Küche Platz. Natürlich waren das keine Änderungen, die sich von einem Tag zum anderen vollzogen: Essgewohnheiten sind zäh und behaupten sich – selbst wider besseres Wissen – über lange Jahre oder Jahrzehnte hin. Wer mit höfischem oder städtischem Hintergrund auf das „platte" Land kam, musste dort noch lange kulinarischer Katastrophen gewärtig sein, wie sie eine Dame vom Hof in ihrem „Schreiben einer Hofdame an ihre Freundin auf dem Lande" beklagte: „Das heißt einmal auf dem Lande gewesen und nun auch in meinem Leben nicht wieder. Bin ich doch beinahe erstickt von dem Duft ihrer großen Schüsseln! Welcher Mensch setzt einem dann noch Schinken und Kalbsbraten vor? (...) Friesisches Rindfleisch, holländisches Kalbfleisch, Karpfen von dreißig Pfunden und welsche Hahnen so groß, wie sie für eine Bürgerhochzeit gemästet werden können. (...) Je nun von solcher Atzung kann auch wohl eben kein feiner Geist in die Dickköpfe kommen."
Da hat wieder Justus Möser der Dame die Feder geführt und – poetisch – könnte diese Hofdame durchaus eine Bekannte unserer Juliana Elisabetha gewesen sein, denn Zweibrücken hatte ja seinen Hof, der gerade während dieser Jahrzehnte in voller politischer und kultureller Blüte stand. „Klein-Paris" hieß es, wenn man von Zweibrücken sprach.

Das Herzogtum Zweibrücken lag zwar in der Westecke Deutschlands, aber nicht in einem stillen Winkel der Geschichte. Immer wieder sorgte die Nähe zu Frankreich für politische, religiöse oder kriegerische Verwicklungen, neben denen es in gleichem Maße aber auch kulturelle Beziehungen gab. Als Herzog Christian IV. aus der Wittelsbacher Nebenlinie Birkenfeld 1740 mit achtzehn Jahren die Regierung seiner Lande übernahm, setzte er schnell und entschlossen auf die französische Karte. Aber auch Frankreich zeigte großes Interesse an Christian, dem Duc de Deux-Ponts, denn dieser war nicht nur Zaun-

Karoline von Nassau-Saarbrücken (1704–1774), verheiratet mit Christian III. von Zweibrücken-Birkenfeld, Mutter von Christian IV. Porträt von Johann Georg Ziesenis, um 1750 gemalt.

könig eines Kleinstaates, er war, wenn alles seinen voraussichtlichen Gang ging, ein künftiger Erbe, der die politische Landschaft Deutschlands verändern konnte: Weder sein Vetter Karl Theodor, Kurfürst von der Pfalz, noch sein Cousin Max III. Josef, Kurfürst von Bayern, beides Wittelsbacher, hatten Leibeserben und so stand Christian IV. in der Erbfolge an erster Stelle. Aber weder aus der einen noch aus der anderen Erbschaft ist etwas geworden: Herzog Christian starb 1775 lange vor seinen beiden Verwandten. Doch das konnte damals niemand wissen und aus der kleinen Residenz Zweibrücken wurde unter der Regierung des geistreichen und kunstsinnigen Herzogs eine lebendige, tätige und weltoffene Stadt. Es wurde gebaut, Manufakturen gegründet, ein Gestüt und eine Gemäldegalerie entstanden. Bald gab es ein Hoftheater und ein Hoforchester. Schließlich wurde ganz in der Nähe auch eine Porzellanfabrik errichtet, die später in den herzoglichen Besitz überging. Keine Frage, dass das dort geschaffene Geschirr die Tafel des Zweibrücker Hofes schmückte, an der ganz gewiss im neuesten Zeitgeschmack serviert wurde – jedenfalls, wenn wir der schon zitierten Hofdame Glauben schenken wollen: „Jeder Tag, ja selbst jeder Gang hat seine eigene Farbe. Zur maigrünen Suppe sind die Nebengerichte ganz anders als zum himmelblauen Hechte schattiert; und ich wollte keinem Koche raten, eine Brühe couleur de procureur général zu einer grünen mit Silber inkrustierten Pastete zu geben oder mosaique auf dem Schinken aus anderen Farben zusammenzusetzen, als wovon die Frisur an der Hammelkeule oder der Email andrer Krusten gemacht ist."

Das Küchenfranzösisch zeigt, wie französischer Lebensstil neben französischer Politik nach Deutschland drang. Kein besseres Beispiel als das Herzogtum Zweibrücken: von der „Franzosepfalz" sprach man und von den „Pfalzfranzose". Allen voran gewissermaßen Herzog Christian IV., frankophil, wie man heute sagen würde, aber natürlich auch angewiesen auf Gelder, die aus Paris kamen. Dafür stellte Zweibrücken der französischen Armee ein Bataillon mit 1000 Landeskindern, aus denen das „Régiment Royal Deux-Ponts" gebildet wurde. Wann immer es möglich war, weilte der Herzog in Paris, besaß dort das „Hôtel de Deux-Ponts", oder fuhr nach Versailles hinaus, unterhielt er doch freundschaftliche Beziehungen zu Ludwig XV. und auch zu Madame Pompadour. Die hat, nebenbei gesagt, dafür gesorgt, dass die offizielle Mätresse des Herzogs, eine französische Tänzerin, zur Gräfin Forbach geadelt wurde. Zwar waren die beiden schon lange getraut, doch heimlich, da sie nicht ebenbürtig war. Eine Mätresse konnte sich ein Herzog ohne weiteres leisten, eine unstandesgemäße Ehe aber nicht.

Wenn nicht solche Sitten, so hat doch französischer Lebensstil auf Zweibrücken abgefärbt. Ganz handfeste oder eher schmackhafte Beweise dafür findet man in unserem Kochbuch. Da

19

wird etwa ein „Huhn mit einer Schieh-Brüh" empfohlen. Hinter dem „Schieh" verbirgt sich der französische jus, den man in deutschen Lexika als der, die oder das Jus finden kann, Fleisch- oder Bratensaft. Unter dem Blanc manchée entdeckt man Sülze, die sich zum Verzieren auf allerlei Arten färben lässt, und die „Languer fourres"(langues fourrées) sind Rinder- oder Schweinezungen.

Offensichtlich eroberte französische Kochkunst die Zweibrücker Küchen recht nachhaltig, nur an französischem Sprachunterricht für die Köche oder Köchinnen hat es gefehlt. Heute sind diese nach dem Gehör geschriebenen französischen Wörter ein Beweis dafür, dass die Rezepte in unserem Text nicht aus gedruckten Kochbüchern abgeschrieben worden sind, die es selbst manchmal mit der Ehrlichkeit nicht allzu genau nahmen. Aber schließlich merkt man es einem Gericht ja nicht an, ob das Rezept selbst erprobt oder gestohlen ist. Und Täuschung als Küchenkunst gehörte im 18. Jahrhundert allemal dazu. Unsere Informantin, die Hofdame, schwärmt von Fischen aus Schweinefleisch, von Schinken aus Käse und verwahrt sich gegen rückständige Kost, wo die Krebse nichts als Krebse und die Karpfen nichts als Karpfen sind. So ist auch in Juliana Elisabethas Kochbuch der Karpfen nicht mehr ein echter Karpfen, sondern ein kleines kulinarisches Kunstwerk, an dem nur noch Kopf und Schwanz original sind. Oder auch das süße Gebäck in Fischform, dessen Inneres aus Mandelteig und dessen Schuppen aus gewürztem Brotteig sind. Ähnlich auch die Auster von Seite 62, die überhaupt nie eine Auster gewesen ist, sondern ein Stückchen Kalbsbries mit Heringsmilch oder einer Sardelle gekocht. Allerdings, und daran scheiterte das Rezept vermutlich in den meisten Haushalten, brauchte man echte Austernschalen, um die falschen Austern täuschend echt servieren zu können. Die leeren Schalen bekam man in Zweibrücken aus der Hofküche, und das war, wenn man französische Maßstäbe anlegt, durchaus nichts Anstößiges. Denn nicht nur halb Versailles, sondern auch die standesbewusste Bourgeoisie, ernährte sich von den Resten der überladenen königlichen Tafeln und man war noch stolz auf die edle Herkunft der Speisen. Vielleicht fiel auch mal ein Wildbraten von der herzoglichen Jagd für den Oberförster ab oder er bekam als Gunstbeweis einige Artischocken aus den herzoglichen Gewächshäusern.

Höfisches Leben und die höfische Küche waren das große Vorbild für die bürgerliche Hausfrau jener Zeit, daran orientierte sie sich in allen Lebensbereichen. Die Austernschale war echt und das Innere nachgemacht, woran sich niemand störte. Dieses Zeitalter liebte das Spiel mit dem Unechten, Imitierten, und die Dekoration war fast ebenso wichtig wie das Essen selbst. Die Rezepte in unserem Kochbuch sind jedoch alle echt und ein ebenso seltenes wie hochinteressantes Zeugnis der bürgerlichen Kochkunst des ausgehenden Barockzeitalters.

Barocke Küche – leicht(er) gemacht

Stilleben mit Kupferkessel, Gewürzmörser und Fayencekrug. Gemälde von Jean Siméon Chardin, zwischen 1733 und 1737.

Wer sich also auf das Abenteuer barocker Kochkunst einlassen will, dem geben wir hier einen kleinen Leitfaden mit an die Hand. Unter dem doppelten Motto „Barocke Küche – leicht(er) gemacht" werden Tipps zur Umsetzung der alten Rezepte gegeben. Dem individuellen Ausprobieren sind dabei keine Grenzen gesetzt, da die ohne Mengenangaben wiedergegebenen Originalrezepte zwar als Richtschnur dienen, aber so oder so interpretiert werden können. Dies ist ganz im Sinne der Zeit, bestand doch die eigentliche Kunst des Koches darin, das „richtige Maß" zu finden – kluge Bemerkungen zu diesem Thema finden sich in dem sehr empfehlenswerten und geistreichen Buch „Das Maß im Kochen" von Renate Breuss. Die Ergebnisse können also beim Nachkochen ein- und desselben Rezeptes sehr unterschiedlich ausfallen, aber darin liegt ja auch mit der große Reiz beim Entschlüsseln und Erforschen historischer Küchengeheimnise. Im Übrigen haben wir die alten Maße wie „Vierling", „Schoppen", „Mesgen" etc. auf die damals in Zweibrücken gültigen Standards umgerechnet, daher die „krummen" Zahlen. Unsere Versuchsköchinnen und -köche haben jeweils eine für vier Personen berechnete Zutatenliste aufgestellt. Dabei sind die einzelnen Speisen als Hauptgerichte gedacht; als Vorspeise oder Zwischengericht bei einer größeren Speisenfolge empfiehlt sich in der Regel einfach deren Halbierung, wobei das Zusammenstellen eines barocken Menüs Fantasie und einer gewissen Erfahrung bedarf, da es für die Beilagen keine Empfehlungen gibt und einzelne Gerichte doch recht „gehaltvoll" ausfallen können. Wenn nötig bzw. wünschenswert, haben wir noch den einen oder anderen besonderen Tipp oder auch historische Informationen hinzugefügt.

Wie eine Speisekammer zu Zeiten Elisabethas ausgesehen hat, erfahren wir in dem „Nutzbaren, galanten und curiösen Frauenzimmer-Lexikon" von Amaranthes aus dem Jahr 1715. Diese kultur- und küchenhistorische Quelle ersten Ranges – heute in einem Reprint des Insel Verlages zugänglich – erfuhr in den Jahren 1739 und 1773 zwei weitere Auflagen und war somit unserer Jungfer sicherlich bekannt. Lassen Sie uns also einen Blick hineinwerfen: „Speise-Cammer-Vorrath: Heißet alles dasjenige, was in eine wohlversehene Speise-Cammer gehöret und nöthig ist, als da ist: Würtze gantz oder gestoßen, mit allen ihren Speciebus. Getreugt Obst, Hülsen- oder andere Früchte; z. E. Aepffel, Birn, Pflaumen oder Qvetzschken, Brunellen, Quitten, Hanebutten, Heidelbeeren, Kirschen, welcke Rüben, Reiß, Morgeln, Spitz-Morgeln, Pinien, Capern, Pistacien, Citronen, Citronat, Oliven, Grütze, Heydegrütze, Hafergrütze, Graupen, Gersten-Graupen, Nürnberger Graupen, Grieß, Svaden, Nudeln, Erbsen, Linsen, Huse, Kümmel, Fenchel, Lorbeer-Blätter, Beyfuß, Wacholderbeeren, Majoran, Salbey, Zwiebeln, Chalotten, Castanien, Saltz, Mehl; Eingemachte oder in Zucker gesetzte Sachen, allerhand wohl angemachte Eßige, große und kleine Pfeffer-Gurcken, rothe Rüben, Butter, Eyer, Schmaltz und Fett, Speck, geräuchert Fleisch, Würste und Fische, harte Semmel, Baumöl oder Gartzeröl, Pflaumen- und Kirschmus u. d. g."

Die Beschaffung der verschiedenen Zutaten ist heute, von einigen Ausnahmen abgesehen, nicht allzu schwierig. Mögliche Bezugsquellen geben wir im Glossar am Ende des Bandes oder bei den einzelnen Rezepten an. Da steht dann zum Beispiel, dass es Rosenwasser und getrocknete Hagebutten in der Apotheke gibt, oder dass die leckeren Täubchen für Bewohner der französisch-deutschen Grenzregionen ziemlich einfach im Nachbarland zu haben sind, wo sich die Vögel nach wie vor hoher Wertschätzung erfreuen. (Weiter entfernt vom Schlemmerland Frankreich kann man sie im Fachhandel bestellen.) Oder wir informieren, dass die kleineren Brüder der „Grundlen" als „Schmerlen" zu erwerben sind. Zunächst aber gilt es die Vorstellung von der schweren, unverdaulichen und allzu reichhaltigen barocken Küche zu relativieren, befinden wir uns doch mit Elisabethas Kochrezepten bereits in der zweiten Hälfte des 18. Jahrhunderts, also in der Zeit des Rokoko. Die Kochgewohnheiten hatten sich seit Jahren allmählich gewandelt. So waren die riesigen Fleischmengen der eigentlichen

Barockzeit allmählich von den Tischen verschwunden und hatten einer Fülle verschiedenster, mit ausgefallenen Zutaten und Gewürzkombinationen hergestellten Gerichte Platz gemacht. Braten gibt es nur noch selten, dafür aber eine Fülle von Pasteten, Ragouts, Soufflés, wobei die meisten Zutaten „klar gestoßen", d. h. mühsam im Mörser von Hand faschiert wurden. Begleitet wurde fast jedes Gericht von fantasievollen Tunken oder raffinierten Soßen. Die beliebtesten und bei nahezu jeder Speise verwendeten Gewürze waren Nelken, Muskatblüte, Muskatnuss, Ingwer und Zimt, mit denen wir heute gewohnt sind, eher sparsam umzugehen. Sie sorgen daher in den Speisen für einen uns heute ungewöhnlichen und interessanten Geschmack, müssen aber mit Fingerspitzengefühl dosiert werden. Die reichliche und für unsere Vorstellungen häufig unorthodoxe Verwendung von Zitronen bewirkt bei vielen Gerichten eine sehr frische Note, schmeckt aber unter Umständen vor. Auch wird nicht allzu viel Salz verwendet, kräftige und pikante Nuancen werden häufig durch die Beigabe von Sardellenfilets erreicht; eine Gewohnheit, die sicherlich aus Frankreich stammt und dort nach wie vor üblich ist. Vor allem aber wird nicht mehr so fett gekocht, ja es heißt sogar: „Wenn es kalt ist, so mache alles Fett davon ab." Auch muss man bedenken, dass die Tiere damals nicht so wohl genährt waren wie heute, das Fleisch zum Teil also sehr viel weniger Fett hatte. Aus diesem Grund kann man auf das immer wieder empfohlene Spicken meistens verzichten.

In der Regel wurden Butter oder Butterschmalz zum Kochen und Braten verwendet. Dies war besonders typisch für die deutsche Küche, wie es auch Amaranthes betont: „Unser Koch muss Butter haben, zum backen, braten, rösten, pregeln, und kochen." Wem das zu viel gesättigte Fettsäuren sind, der kann aber problemlos viele Rezepte mit (dem damals durchaus bekannten) Olivenöl kochen bzw. beim Backen (Diät-)Margarine verwenden und auf die allzu reichliche Gabe von Sahne verzichten. Auch sind, besonders bei Fleischgerichten, die angegebenen Garzeiten zu lang, da damals von anderen Fleischqualitäten und vor allem komplizierten Temperaturverhältnissen des Herdes ausgegangen werden musste. Auch wird heute kaum jemand noch das im Geschmack sehr ausgeprägte Hammelfleisch verwenden, sondern auf das zarte Lammfleisch zurückgreifen, das lange nicht so fett und sehr viel rascher fertig ist. Die häufige Verwendung von „Rückel", das ist Kalbsbries, wird in heutiger Zeit möglicherweise auf Zurückhaltung stoßen, was aber nichts daran ändert, dass es von besonderem Wohlgeschmack ist. Es muss in jedem Fall beim Metzger vorbestellt werden, lässt sich aber sehr gut durch Tartar oder auch gemisch-

Das barocke Tafelgerät war auch in bürgerlichen Familien vielfältig. Silberne Schöpfkelle zum „trockenen" Herausnehmen von Einlagen aus Flüssigkeiten.

tes Hackfleisch ersetzen. Mark dagegen ist unbedenklicher, sollte aber wegen seines ausgeprägten Eigengeschmacks mit Bedacht verwendet werden. Rind und Kalb waren damals mit Abstand die beliebtesten Fleischsorten, dem Schwein dagegen stand man in weiten Kreisen eher skeptisch gegenüber.

Gekocht wurde, das versteht sich von selbst, mit dem, was man entweder kaufen oder selbst herstellen konnte, wobei Brot in der gesamten Küche des 18. Jahrhunderts eine besondere Rolle spielte, die uns Amaranthes so beschreibt: „Brod, Panis, Pain, wird entweder aus Weitzen, Korn oder Gerste gebacken. Weitzen-Brod ist das schönste und gesundeste; Korn-Brod das wohlspeisende und gemeinste, dahero es auch Hauß-Brod oder Haußbacken-Brod genennet wird; und das Gersten-Brod gehöret vor Leute, die schwere Arbeit thun, oder die obern beyde weder haben noch bezahlen können, wie zu sehen Joh. VI, 9. Darunter auch im Fall der Noth Erbsen und Haver gemenget wird. In einer wohlbestalten Küche kan neben dem Haußbackenen, absonderlich das Weitzen-Brod unmöglich entbehret werden, und bedienen sich die Köche insgemein der Weitznen Semmeln, die sie bald klar gerieben, bald in der Butter gebräunet, bald in Milch geweicht etc. an die meisten Essen thun, und selbigen dadurch einen angenehmen Geschmack zu Wege bringen."

Wir haben es gelesen, Juliana Elisabetha gehörte dem besser gestellten Bürgertum an. Deshalb ist, kennt man die damaligen Angebote, die häufige Verwendung von Süßwasserfischen und Krebsen, die heute für uns besondere Delikatessen sind, selbstverständlich, gab es sie damals doch in großen Mengen. Wer also interessante Fischzubereitungen sucht, wird hier vielfältig fündig, wenn auch der Umgang im Einzelnen (Grundlen lebend zu kochen) oder die für uns Heutige fast verschwenderische Verwendung von frischen Krebsen nicht alle Gerichte gleich geeignet zum Nachkochen machen. Das Fehlen von Wildgerichten mutet zunächst verwunderlich an, erklärt sich aber, wenn man weiß, dass Wildbret der adligen Tafel vorbehalten war.

Was uns heute noch besonders auffällt ist die große Menge an Eiern, die in die Gerichte kamen, wobei es um Eier der verschiedensten Vögel ging, die Hühnereier aber am beliebtesten waren. So Amaranthes: „Unter allen Eyern werden die Hüner-Eyer, als eine wohlschmeckende, herrliche und gesunde Magen-Speise gerühmt; zumahl wenn sie nicht alt, sondern neu geleget seyn." Da die Eier häufig zum Binden dienten, lässt sich deren Menge ohne weiteres reduzieren, indem man z. B. statt vier Eiern einen Esslöffel Speisestärke und lediglich ein Eigelb zum „Abziehen" in die Soße rührt.

Was selbstverständlich war, hat keinen Eingang in die Rezeptsammlung der Juliana Elisabetha gefunden; so finden wir keinerlei Rezepte für Beilagen, wenn auch im Text zum Beispiel „Knöpfger" oder Brotteig durchaus erwähnt wer-

„La récureuse", eine Magd beim Silberputzen. Gemälde von André Bouys, um 1737.

den; eine Anleitung dafür brauchte man nicht, das konnte sozusagen jede Frau. Aus diesem Aspekt erklärt sich möglicherweise das fast vollständige Fehlen von Obst- und Gemüsegerichten, die, folgt man Amaranthes, nachdem sie noch im Jahrhundert zuvor als ungesund und minderwertig gegolten hatten, mittlerweile zu den selbstverständlichen Alltagsgerichten gehörten, sieht man von Zitronen oder Artischocken einmal ab, und die werden ja auch eigens erwähnt.

Etwa ein Drittel der Rezepte befasst sich mit Süßem, was im Zug der Zeit lag, aber in dieser Menge vielleicht doch auf die besonderen Vorlieben von Juliana Elisabetha zurückzuführen ist. Mandeln waren in ihrem Kochbuch mit Abstand die beliebteste Zutat für die zahlreichen

Gebäcke, Kuchen und Süßspeisen, die damals in einer anspruchsvollen bürgerlichen Küche keineswegs fehlen durften. Die heimischen Nussarten galten als „ordinaire", als gewöhnlich, und hatten „in der Küche keinen sonderlichen Nutzen", sie wurden lediglich roh gegessen. Eine besondere Note erhalten viele der Gebäcke durch das exotisch-orientalische Rosenwasser, das nur noch gelegentlich in der Weihnachtsbäckerei verwendet wird. Obwohl bei einer Reihe von Kuchen und auch beim Backwerk häufig auf Treibmittel verzichtet wird, sind die Ergebnisse in der Regel sehr locker und wohlschmeckend. Es gibt auch Näschereien, die heute noch unverändert hergestellt werden wie zum Beispiel Basler Lebkuchen, Mandelmuscheln oder Mandelstrauben. Insgesamt heißt auch hier die Devise: einfach Ausprobieren!

Noch ein Wort zu den nötigen Küchenutensilien. Der Mörser spielte damals ein große Rolle, mussten darin doch die verschiedenen Zutaten wie etwa Zucker und Mandeln, auch Fleisch!, fein zerstoßen werden; Dinge, die wir heute entweder fertig kaufen oder mühelos mit unseren elektrischen Küchengeräten herstellen können. Für Gewürze allerdings ist der Mörser nach wie vor ein unentbehrliches Gerät, da sich deren Geschmack dann viel intensiver entfaltet. Ein Fleischwolf oder Zauberstab erleichtert heute die mühsame Arbeit des Kleinhackens von Fleisch oder sonstigen Zutaten; die gleichmäßige Hitze unserer Öfen garantiert schon fast von selbst gute Ergebnisse; Ergebnisse, die sich auszuprobieren lohnt, sind doch wirklich neue Geschmackserlebnisse zu entdecken. Mag die Zubereitung auch gelegentlich etwas aufwendig sein, so ist die Alltagsküche von damals doch in vieler Hinsicht als besondere Küche von heute bestens geeignet.

Allerdings empfiehlt es sich nicht, der barocken Manier bei Festlichkeiten folgend, in „Trachten" zu servieren. Hierzu Amaranthes: „Trachten heissen diejenigen angerichteten Speisen, so bey denen Hochzeiten und andern solennen Gastereyen auf einmahl eingeschoben und auf die Tafel gesetzet werden." Dabei kamen bis zu 15 oder noch mehr völlig verschiedene Gerichte gleichzeitig auf den Tisch; und das Ganze dann noch drei- bis viermal hintereinander. Bescheiden wir uns also lieber mit der heute gewohnten Art, die noch im 19. Jahrhundert „à la Russe" hieß, was bedeutete, dass die Speisen nacheinander gereicht werden. Dies hatte den nicht zu unterschätzenden Vorteil, dass das Essen warm auf den Teller kam und dem einzelnen Gericht auch die angemessene Aufmerksamkeit geschenkt werden konnte. Und das, wie gesagt, lohnt sich.

Suppen

Suppen spielten in der Ernährung des 18. Jahrhunderts eine große Rolle. Amaranthes meint lakonisch dazu:

„Suppe, Jusculentum, Sauce, sind bekannte Brühen, die auf vielfältige Art können verändert werden".

Krebs-Suppe

Nimm 6 oder 8 Krebs nachdem man viel oder wenig machen will, wasche sie rein und zerstoße sie lebendig in einem Mörserstein ganz klein, nimm hernach Fleischbrüh. Thue die zerstoßene Krebs hinein, setze es ans Feuer, laß es eine gute Weile kochen, treibe es durch einen engen Durchschlag thue solches in einen Tiegel und süßen Rahm dazu, auch ein klein wenig geschnittene Petersilie, Mußkaten-Blumen, frische Butter, Pfeffer, und Ingber, laß es wohl kochen, hernach die Bröcklein, in Würfeln geschnitten, in Butter geröst, und die Suppe darüber geschütt.

Als Leonhard Baldner 1666 seinen ersten Band über die Tierwelt am Oberrhein herausbrachte, war der „Edel-Krebs" noch ein oft vorkommendes Tier.

200 g Krebsschwänze
¼ Liter Fleischbrühe
¼ Liter süße Sahne
Petersilie
Muskatblüte
Pfeffer
Ingwer
Butter
1 Brötchen

Tipp: Krebse kann man frisch von Mai bis August kaufen. Die Suppe schmeckt aber auch mit – am besten pürierten – Krebsschwänzen aus dem Glas sehr gut, womit uns empfindsamen Nachgeborenen das überlieferte Zubereitungsverfahren erspart bleibt.

Wein-Suppe

Nimm 4 Eierdotter, 2 Suppenlöffel voll süßen Rahm, ein wenig Muskaten-Blumen, ein wenig Zimmet ein Stück Zucker nachdem man sie süß will haben, dieses thue zusammen in eine Pfanne, nimm 3/4 Schoppen Wasser, rühre es mit an, schütte auch einen halben Schoppen Wein darzu, rühre es, biß es kocht, röste ein wenig würflich geschnittenen Weck daran, laß ihn ein wenig mit aufkochen. Als denn richte sie an.
NB. Wer kleine Rosienen liebt kan auch daran tun.

- 2 Eigelb
- 3 Esslöffel süße Sahne
- 1 Esslöffel Zucker
- ½ Liter trockener Weißwein
- ½ Liter Wasser
- 3 Scheiben Weißbrot
- Muskatblüte
- Zimt
- 2 Esslöffel Rosinen

Tipp für beide Suppen:
Zwei Weißbrotscheiben mit aufkochen, die dritte bzw. das Brötchen geröstet und gewürfelt kurz vor dem Servieren dazugeben. Beide Suppen haben einen sehr kräftigen Geschmack und sind trotz der Zutaten nicht süß.

Reichlich Hopfen im Bier macht die Suppe eher bitter, im Trunk aus dem Bayreuther Fayencekrug dagegen sorgt er für herbe Frische.

Bier-Suppe

Nimm 1 Schoppen Bier, 1/4 Schoppen Wein thue es zusame in eine Pfanne und schäume es unterm kochen wohl, hernach schlage 3 Eierdotter auf einen Teller, und thue ein paar Löffel voll Rahm dazu, schütte ein wenig Brühe aus der Pfanne drauf, und rühre es durcheinander, und schütte es wiederum hinein, hernach röste ein wenig würflich geschnittenen Weck wohl in Butter, und thue ihn hienein, und laß ihn mit aufkochen, thue auch ein wenig Zimmet und kleine Rosinen hienein, und ein wenig Zucker. Als dann richte es an.

- ½ Liter Malzbier
- ¼ Liter halbtrockenen Weißwein
- 2 Eigelb
- 3 Esslöffel süße Sahne
- 1 Teelöffel Butter
- 3 Esslöffel kleine Rosinen
- 2 Scheiben Weißbrot
- 1 Brötchen
- Zimt

Suppen

Hahn-Butten Suppe

Reife Hagebutten entwickeln, sorgfältig entkernt, in Marmeladen oder Suppen ein unverwechselbares Aroma.

100 g getrocknete Hagebutten oder
200 g frisches Hagebuttenmus
3/4 Liter Wasser
1/4 Liter trockener Rotwein
2 Esslöffel süße Sahne
1 Ei
2 Teelöffel Zucker
1/2 Dinkelbrötchen
1 Teelöffel Butter
Muskatblüte

Nimm 1/2 Schoppen gedörte Hahnbutten koche sie in einem Schoppen Wasser ganz weich, drücke sie wohl durch ein enges Siebgen. Hernach schütte 1/4 Schoppen Wein daran, und thue ein gut Stück Zucker, Muscatenblumen, ein wenig in Butter gerösten Weck dazu, laß es miteinander aufkochen, thue 2 bis 3 Eier-Weiß und ein Stück guten frischen Butter auch ein paar Löfel voll guten Rahm, dieses rühre mit der Brühe aus der Pfanne an, und richte es an.

Amaranthes weiß zu den Hagebutten: „Sie taugen zum Zugemüß, unter welche man grosse Rosinen oder Cibeben mischet und in Wein abkochet; so werden auch aus selbigen gute Suppen bereitet."

Tipp: Getrocknete Hagebutten gibt es in der Apotheke, Hagebuttenmark im Reformhaus und im Winter frisch auf dem Markt. Mit Salz und Pfeffer und einem ganzen Ei statt des Eiweiß schmeckt die Suppe noch besser.

Ein Eyer-Gerst

Setze gute Fleischbrühe zum Feuer, reibe einen guten Teller voll Brod röste es wohl in Butter, zerschlage 6 Eyer, thue einen Löfel voll kalt Wasser dazu, und zerrühre die Eier wohl mit dem Wasser, nimm von der Fleischbrühe auch ein wenig, und rühre es daran, hernach thue es in die Pfanne zur Fleischbrühe, und laß es ein wenig unter beständigem rühren kochen, thue alsdann das geröstete Brod hinein, laß es ein wenig mit aufkochen, aber nicht zu lange, sonst gerinnet es, so kanst du es anrichten.

1 Liter Fleischbrühe
6 Esslöffel Semmelbrösel
3 Eier
1 Bund Schnittlauch

Schnittlauch, der heute als gesund und wohlschmeckend gilt, hatte im 18. Jahrhundert einen etwas zwiespältigen Ruf. Amaranthes dazu: „*Es ist hierbey zu mercken, daß man sich des Schnittlauchs mäßig bedienen soll: Denn zu viel machet blöde Augen, böse Geblüt und giebt schlechte Nahrung.*"

Das Gewürzschälchen mit dem sitzenden Knaben ist ein besonders charmantes Stück aus der Zweibrücker Porzellanmanufaktur. Um 1767/68.

Tipp: Die Semmelbrösel ziemlich scharf anbraten, das gibt der hervorragenden Suppe erst so richtig das „gewisse Etwas".

Suppen

Butter-Klößger

Nimm halb trockene Milchbrödger, die Brosamen heraus genommen, und ganz klein gezopft, laß frischen Butter zergehen, schütte ihn darüber daß es eben recht angefeuchtet wird. Wann es ein paar Stunden durchgezogen; so thue ein oder mehr Eyer darein, nach dem du viel oder wenig machen wilt, Muscatenbluth, Peterling und Salz. Als denn mache Knöpfer daraus, laß sie ein viertel Stunde in Fleischbrühe kochen, als denn thue sie in die Suppe, wenn du sie anrichten wilt.

8 Scheiben Toastbrot
125 g Butter
2 Eier
Petersilie
Muskatblüte
Salz

Tipp: Beide Rezepte ergeben schmackhafte Einlagen für eine (möglichst selbst gemachte) Fleischbrühe; bestens als Hauptmahlzeit geeignet.

Eyer-Wammer

Ein Löffel voll Weißmehl, klopfe etwa 8 Eyer darunter, Salz und geschnittene Petersilien, thue ein wenig Butter in eine Pfanne, wenn er heiß ist, so laß von den Eyern hineinlaufen, so daß die ganze Pfanne bedeckt wird, aber nur Messerrücken dick. Es darf nicht gelb backen; sondern, wenn es nur gestanden ist, so thue es heraus, und mache ein anderes, biß die Eyer alle gebacken sind. Hirauf schneide es in lange und etwa fingersbreite Stücklein, laß es mit Fleischbrüh und Pfeffer kochen, zuletzt thue ein Stück Butter, mit Mehl hinein.

Die in der deutschen barocken Küche so beliebte Butter wurde in vielen Haushalten selbst hergestellt. Detail aus dem Gemälde „Häusliche Milchwirtschaft" von Hendrik Sorgh, um 1650.

1/2 Esslöffel Mehl
4 Eier
Salz
1/2 Bund Petersilie
Butter

Schockolat Suppe

4 Esslöffel Mehl
1 Liter Milch
Zimt und Zucker
2 Scheiben getoastetes Weißbrot

Laß eine dicke Pfanne wohl heiß werden, thue etliche Löfel voll Mehl hin ein, je nachdem du viel machen wilt, und röste es ohne Fett hübsch gelb, koche hernach ein halb Maaß Milch, und schütte sie hinein, rühre es ein wenig, laß es eine Weile miteinander kochen, thue ein wenig Zimmet und Zucker hinein, lege ein wenig geröstete Weckschnitten in eine Schüssel, und richte es darüber an.

Tipp: Die „Schockolat Suppe", die wegen ihrer Farbe so heißt, ist wegen des kräftigen Zimtgeschmacks vor allem für kalte, vorweihnachtliche Tage ideal.

Eine gute Wasser-Suppe

8 Scheiben Weißbrot
4 Eier
Muskatnuss
3–4 Esslöffel Butter
1 Liter Wasser

Schneide Weißbrod, aber nicht so gar dünn, röste es hübsch braun in Butter, so es rechtgeröstet ist, so schütte den Butter wieder ab, thue ziemlich Wasser darüber, laß es etwas lang kochen thue hernach in einer kleinen Pfanne ein wenig Wasser über das Feuer, und wenn es recht kocht, so schlage ein Ei hinein, und laß es ein wenig kochen, daß man es mit dem Schaumlöfel herausheben kan. Wenn du die Suppe anrichtest; so lege es darauf. Man kan auch nur das gelbe von einem Ei daran rühren, und ein wenig Muskatnuß hinein reiben.

Von Muskat, das der Wassersuppe den Geschmack verleiht und in der Küche des 18. Jahrunderts nahezu unentbehrlich war, schwärmt Amaranthes geradezu: „Muscatenblüte, Macis, und Muscaten-Nuß, Nux-Moschata, Moscade sind herrliche Baumfrüchte, die aus Bantam, durch die Holländer zu uns heraus gebracht werden. Ihr Geruch ist lieblich, ihr Geschmack balsamisch, und ihre Würckung kräfftig und durchdringend."

Neben einem Zweig mit einer voll ausgebildeten Frucht eine Muskatnuss, die eigentlich keine „Nuss", sondern ein Kern ist.

Suppen

Eine gute grüne Suppe

Nimm ein Handvoll Sauerampfer, ein Handvoll Körbel, Zwiebelröhre oder Schnittlauch, wasche es sauber und schneide es klein, thue ein wenig Butter in eine Pfanne, und röste es ein wenig, thue einen halben Eßlöffel voll Weißmehl daran, und röste es mit. Nimm hernach gute Fleischbrühe, und schütte sie darüber und lasse sie mit kochen. Röste etliche Schnitten Weck auf dem Rost, lege sie in eine Schüssel, richte es darüber an; und laß es auf einer Kohlpfanne aufkochen. Verrühre ein Paar Eierdotter, thue ein wenig frischen Butter und Muskatenbluth daran; so ist die Suppe fertig.

1 Liter Fleischbrühe
2 Esslöffel Butter
1 Bund Sauerampfer
1 Bund Kerbel
1 Bund Schnittlauch
2 Teelöffel Butter
2 Esslöffel Mehl
2 getoastete Roggenbrötchen
4 Eigelb
Muskatblüte

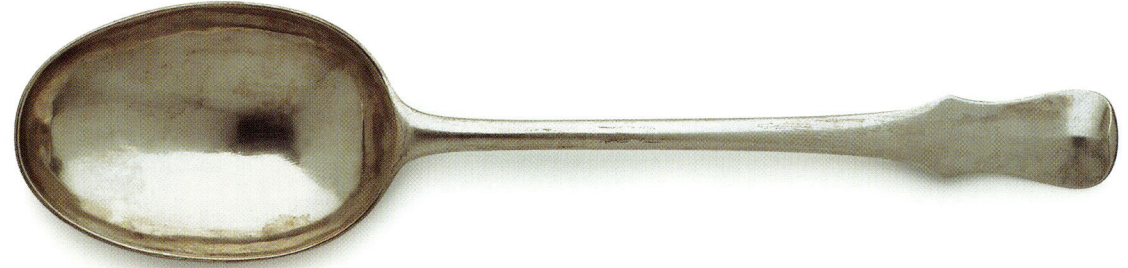

Der schwere barocke Silberlöffel ist weniger für Suppen als vielmehr zum Vorlegen von Speisen gedacht.

Tipp: Kräuter in wenig Butter andünsten, in einem anderen Topf eine Mehlschwitze zubereiten und mit Fleischbrühe ablöschen und aufkochen lassen, dann die Kräuter zufügen.
Die sehr gute Suppe sollte nur mit jungen Sauerampferblättern gemacht werden, die es im übrigen im Winter auch in Töpfen gibt. Der Geschmack lässt sich noch mit Pfeffer, wenig Zitronenmelisse und Sellerieblättern verfeinern.

Eine Jus (Schie) Suppe

Setze ein gut Stück Rindfleisch zum Feuer, laß es kochen. Nimm hernach ein Pfund mager Rindfleisch, 1/2 Pfund Kalbfleisch, schneide es zu kleinen Stücklen, thue in einem Hafen etliche Stücke Speck, lege das Fleisch dazu, u. laß es miteinander braun braten, thue ein wenig Lauch, gelbe Rüben, Peterling, und Zwiebeln dazu. Wenn das Fleisch recht braun gebraten, so schütte das Fett herunter, nimm von der beigesetzten Brühe und schütte sie darüber, laß es etliche Stunden kochen, alsdenn thue es in ein Tuch, und drücke es wohl aus, hernach nimm Weck u. mache eine Suppe daraus.

Tipp: Ein Teil des Fleisches lässt sich hervorragend für die „kalte Pastete" Seite 82 verwenden.

½ kg Suppenfleisch
½ kg mageres Rindfleisch
½ kg Kalbfleisch
100 g Speck
1 Bund Suppengrün
1 große Zwiebel
2 getoastete Brötchen

Die Herstellung von geröstetem Brot, das in der Küche des 18. Jahrhunderts eine so große Rolle spielte, beschreibt Amaranthes wie folgt: „*Rösten Brod, oder Semmel Heisset dünne Schnittlein Brod oder Semmel zu denen Suppen, oder Marcksbeinen, auf glühenden Kohlen oder einem Rost bähen oder dürre machen.*" Es passt zu salzigen wie süßen Speisen.

Aus dieser Zweibrücker Terrine stilvoll serviert, schmeckt die gehaltvolle Suppe sicherlich noch einmal so gut. Um 1768/69.

Suppen 35

Mandel Supp zu machen

Schehl die Mandel und stoß sie fein klein, thue sie in einen hafen, halb wein und halb wasser, darzu ganzen zimmet und Zucker, laß es miteinander kochen, schütt es durch ein Salvet hernach röste die Weckschnieden in butter, und laß sie weich in der Supp werden.

Im milden Klima der Pfalz und Badens reifen die pelzigrauen Mandelfrüchte zwar auch in deutschen Landen heran, sind aber doch immer Raritäten geblieben.

Wein war nicht nur zum Trinken, sondern auch beim Kochen sowohl für Fleisch- als auch Süßspeisen hoch geschätzt. Amaranthes schreibt dazu: „*Wein, Vinum, Vin, ist das edle Gewächs, das durch GOttes Segen aus der Erde kömmt, des Menschen Hertz zu erfreuen. Es wird aber von einem guten Wein erfodert COS, das ist: er soll haben Colorem, eine schöne helle Farbe, Odorem, einen guten Geruch und Saporem, einen annehmlichen Geschmack. (...) Nur melde ich dieses, daß diejenigen Essen, welche der Koch mit Wein bereitet, desto annehmlicher seyn.*"

½ Liter Rotwein
½ Liter Wasser
300 g abgezogene, gemahlene Mandeln
1 Esslöffel Zucker
1 Stange Zimt
geröstete Weckwürfel

Fleisch

Amaranthes urteilt über die verschiedenen Fleischsorten wie folgt:

„Kalbfleisch, Caro virulina, chair de veau, ist die gemeine Speise, so wohl nähret und gesund ist."

„Kuh, Vacca, Vache, ist ein nutzbares Thier in der Haußhaltung, wegen der Milch, Rahm, Butter und Käse etc. Denn wenn diese nicht wären, würde manch Essen in der Küche nicht vollkommen können bereitet werden. Und gleich wie das Rind- und Kuh-Fleisch zur Erhaltung des Menschen mehr als ander Fleisch gebrauchet wird."

„Rindfleisch, Caro bubula, Chair de Bœuf, nähret unter allem Fleisch am besten."

„Lamm, Agnus, Agneau. Zwar wollen ihrer viel das Lammfleisch nicht loben, wie es gar zu viel Feuchtigkeiten in sich habe, und deßwegen ungesund sey; hingegen andere verzeheren es mit dest grössern Appetit und befinden sich wohl dabey."

„Schöpfenfleisch (Hammel), Caro vervecina, Chair de mouton, soll wegen des vielen unverdaulichen Fettes nicht gar zu gesund seyn, welches zwar, wenn man es geneust und kalt darauff trincket, seine Richtigkeit hat. Jedennoch wird es von vielen Leuten sehr geliebet."

„Schweine-Fleisch, Caro porcina, Chair de pore, ist ein weißes, süßes und schmackhafftiges Fleisch, welches ein gewisser Medicus in seinen Gesundheits-Regeln für das beste unter allen Fleische preiset.

Einen Hammelsschlägel zuzubereiten

Man nimmt einen Hammelsschlägel, macht das Fleisch davon. Den Knochen hebt man auf, das Fleisch davon hackt man. Wenn man nicht genug hat, kan man auch noch Rindfleisch oder ander gebraten Fleisch, wie auch ein wenig Speck ganz fein darunter hacken. Ferner zerhacke mit dem Speck Schallotten, Knoblauch, Kapern, wie auch ein wenig Peterling, weiche einen Weck ein und rühre dieses alles mit einem Ey wohl durcheinander, mache es wieder an den Knochen, und formiere es wie einen Hammelsschlägel. Hernach bestreiche die Tartenpfanne mit Butter, reibe wohl Weck hinein, lege den Hammelsschlägel hinein, mach unten und obenhin Feuer, und laß ihn schön gelb backen. Alsdenn macht man eine Brühe darüber von Schallotten, Kapern, und Sardellen, thut ein wenig Pfeffer und Muscatnuß dazu, so ist er fertig.

Das zierliche Mädchen stammt aus der Zeit des „Zweiten Rokoko" und ist aus edlem Meisener Porzellan gemacht.

---

1 Lammkeule mit Knochen
evtl. gemischtes Hackfleisch
100 g feine Speckwürfel
4 Schalotten
1 Knoblauchzehe
1 Esslöffel Kapern
1 Bund Petersilie
1 Brötchen
1 Ei

<u>Zum Braten</u>
Butterschmalz
2 Esslöffel Semmelbrösel

Bei 200 °C zirka 2 Stunden backen.

<u>Zum Aufgießen</u>
1/4 Liter Fleischbrühe
1 Esslöffel Kapern
2 Sardellen
Pfeffer
Muskatblüte

Zirka 1 Stunde bei 200 °C backen.

Hammels-Zungen und Wädel

Setze dieselbe mit Wein, Wasser und ganzem Gewürz, als einer Zwiebel mit Näglein besteckt, ein wenig Pfeffer, und etliche Stück Ingber und Salz zum Feuer, daß sie nicht zu weich kochen, nimm gerieben Weißbrod Chalotten, Petersielien, Salz und Pfeffer, alsdenn nimm es aus der Brühe und bestreue es gleich damit, so daß es wohl bedeckt wird. Im Winter kan man allzeit einen Vorrath davon aufhalten, und wenn man davon essen will, kann man sie nur auf den Rost legen, sie hübsch braun braten und eine Capersbrühe von Fleischbrühe und Sardellen kochen, darüber schütten und aufkochen lassen; Auf gleiche Art kan man auch Hammel und Lamfleisch machen.

Tipp: Das Fleisch vom Knochen lösen, in Semmelbröseln, Schalotten und Petersilie wälzen und kross braten. Den Kochsud durchsieben und 2 Sardellen darin auflösen, eventuell mit Kapern abschmecken. Dazu eine Variante: statt der Sardellen Crème fraîche in die Soße rühren und zusammen mit dem Fleisch direkt aus der Brühe servieren.

Fleisch nach Geschmack, z. B. 1 kg Lammschulter
$1/2$ Liter Rotwein
$1/2$ Liter Wasser
1 Zwiebel
10 Nelken
50 g frischen Ingwer
Salz
10 Pfefferkörner
2 Esslöffel Semmelbrösel
3 Schalotten
1 Bund Petersilie
2 Sardellenfilets
Olivenöl oder Butter zum Braten

Die Kochzeit beträgt 1 Stunde.

Ob der Rokoko-Kavalier auf seinen Gewürzschälchen von Liebes- oder Gaumenfreuden träumt?

Schafe aus der „Histoire naturelle" des Comte de Buffon, Zweibrücken, 1785–1791.

Nimm gut mürb Hammelfleisch, ein breit Stück, vom Qallen ist das beste, klopfe es wohl, höhle es aus und fülle es mit Zwieblen und Eyern, als dann lege es in einen Stollhafen, laß es auf einem gelinden Feuer dämpfen biß es gelb wird. Hernach thue das Fleisch heraus, thue Wein und Fleischbrühe in den Hafen, eine ganze Zwiebel, Pfeffer und Sardellen, laß es auf den Kohlen stehen, biß die Sartellen vergangen sind; Als denn seihe sie durch ein Tuch, thue das Fleisch wieder in den Hafen, schütte die Brühe darüber, laß es kochen, biß das Fleisch gar ist; so thue Butter hinein. Wenn du es anrichten wilt so nimm etliche Eyerdotter zur Brühe.

1 kg Lammkeule ohne Knochen
1 Ei
1 Esslöffel Olivenöl
1/8 Liter Weiß- oder Rotwein
1/8 Liter Fleischbrühe
1 ganze Zwiebel
10 Pfefferkörner
Sardellen
1 Stich Butter
2 Eier (oder 1 Esslöffel Speisestärke zum Binden)

Für die Füllung
2 große, fein gehackte Zwiebeln
2 Eier

Bei 225 °C etwa 1,5 Stunden braten.

Gefült Hammelfleisch in Sardellen

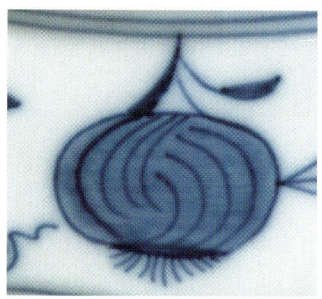

Diese „Zwiebel" gibt keinem Gericht Geschmack, sondern verhalf dem seit dem 18. Jahrhundert beliebten „Zwiebelmuster" zum Namen.

Einen guten Hamelsschlögel zu stopfen

Klopfe den Hamels-Schlägel wohl, thue ihn in einen Hafen, der mit Butter geschmieret, wie auch ein wenig Salz, allerley Gewürz, 2 Löfel voll guten Wein. Decke alsdenn den Hafen zu, schmiere den Deckel mit Teig zu, und setze es auf warme Asche bey 4 Stunden. Hernach thue noch dazu Morglen, Champignon, Zwieblen Charlotten Kapern, und laß es damit noch eine Stunde in warmer Asche aufkochen, so ist es fertig. Wenn die Brühe zu fett ist kan man es abheben.

1 kg Lammkeule
  mit Knochen
Butter für den Topf
2 gepresste Knoblauchzehen
Salz
Thymian
½ Bund Petersilie
¼ Liter Rotwein
15 g getrocknete Morcheln
200 g geviertelte, frische
  Champignons
1 gehackte Zwiebel
2 gehackte Schalotten
1 Esslöffel Kapern

Bei 180 °C 1 Stunde braten, dann eine weitere Stunde bei 250 °C.

Den Wohlgeschmack der Schalotten wusste man im 18. Jahrhundert an sehr vielen Gerichten besonders zu schätzen: „Schalotte, Echalote, ist eine gewisse Art kleiner schmackbahren und angenehmen Zwiebeln, so die Köche an allerhand Speisen in denen Küchen zu verbrauchen pflegen."

Nicht nur Schalotten, auch Petersilie und andere Kräuter lassen sich mit dem Wiegemesser besonders fein hacken.

Fleisch

Ein gefülte Kalbs-Brust in einer Ragout oder Tunke

So sieht der Querschnitt durch eine Muskatfrucht aus; der rote Samenmantel wird zu „Muskatblüte" verarbeitet, einem heute eher seltenen, im 18. Jahrhundert aber sehr beliebten Gewürz.

800 g Kalbsbrust
1 Kalbsbries
  (oder 300 g Tartar)
100 g Kalbshack
2 Schalotten
gehackte Petersilie
1 Esslöffel Mark
  (nach Belieben)
Salz
Pfeffer
frischen Ingwer
Muskatnuss
1 Brötchen
knapp 1/8 Liter Milch
2 Eier
Mehl
Butterschmalz zum Braten
1 Esslöffel Wein zum
  Ablöschen
300 ml Fleischbrühe oder
  Kalbsfond
10 g getrocknete Morcheln
30–40 g getrocknete
  Mischpilze
4 Artischockenböden
1 Esslöffel Kapern
evtl. 1/2 Zitrone in
  feinen Scheiben
2 Zwiebeln mit je
  4 Nelken besteckt
1 Teelöffel Essig

Nach dem vorsichtigen Anbraten 2–2,5 Stunden auf kleiner Flamme schmoren lassen.

Nimm Kalbs-Rücklein samt einem Stücklein Kalbfleisch, Chalotten und Petersilien, hacke es klein, wie auch ein Stücklein Mark, thue Salz Pfeffer und Ingber, Mußcatnuß, Weißbrod in Milch geweicht, samt etlichen Eyern darunter, und fülle es in die Brust hinein; Hernach lasse ein gut Stück Butter vergehen, lege die Brust hinein, lasse sie dämpfen, biß sie gelb ist, streue auch ein wenig Mehl darauf; von dem übrigen Fülsel mache Würflein, etwa eines halben Fingers lang, backe sie braun in Butter, thue sie zu der Brust, samt Morchlen, Champignon oder Pfifferling, Artischocken, Mark, Kapern oder Citronen-Schnitten, nach belieben, ein paar Zwieblen mit Näglein besteckt, und Gewürz, wie zu dem Fülsel, Fleischbrühe so viel nöthig, lasse alles mit einander kochen biß es weich ist. Wenn du es anrichten wilt; so kanst du auch ein wenig Essig dazu schütten. Es muß nicht mehr Brühe davon bleiben, als man eben in die Platt braucht.

Tipp: Zur Soße, die wie ein guter Wein nacheinander verschiedene Aromen entfaltet, passt sehr gut Baguette.

Kalbs-Kottlet zu machen

Man nimmt 2 Pfund von einem Kalbsnieren-Braten, die Ripplein schneidet man dünn und kocht sie. Hernach verdämpft man sie in Butter in einer Casserole, aber nicht zuviel, indem sie weiß bleiben müssen, hernach nimt man ein Kalbsrückel und 1/4 Pfund Mürb Kalbfleisch, ein halb vierling Krebs, gesotten und geschälet, ein wenig weiß-Brod, eingeweicht und wohl ausgedruckt, Petersilien und ein wenig Schnittlauch, solches alles rein gehackt, mit einem Vierling Butter. Als denn rühre 1 oder 2 Eyer darunter und streiche es auf die Kottlet, wie Nieren-Flätlein bestreiche sie auch mit geklopften Eyern, thue sie in eine Tartenpfanne, so mit Butter beschmieret, leg auf den Deckel und unten hin Kohlen u. laß sie backen.

Tipp: Wenn man Kalbshack nimmt, das Stück Kalbfleisch weglassen.

8 Kalbskotelett
Butter
1 Kalbsbries
   (oder 250 g Kalbshack)
125 g Kalbfleisch
20 Krebsschwänze
2 Scheiben Weißbrot
Petersilie
Schnittlauch
50 g Butter
2 Eier

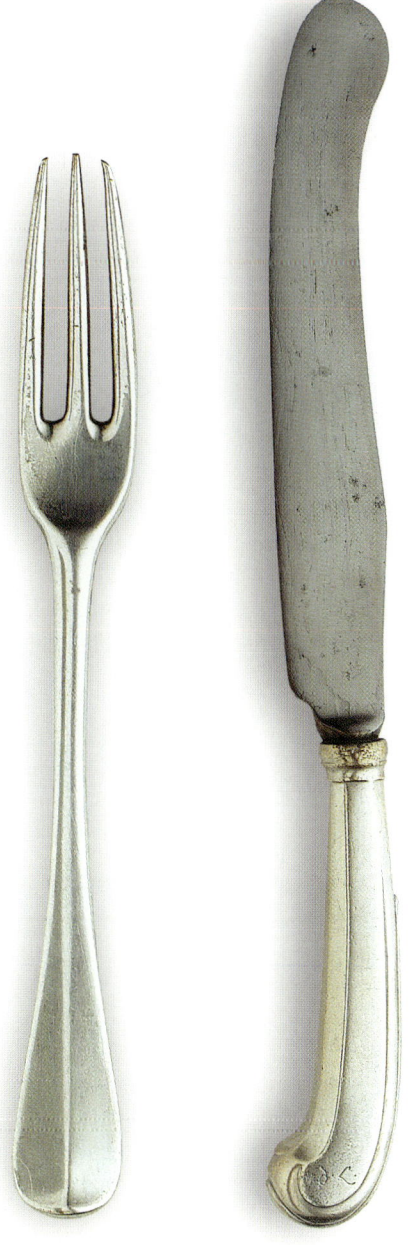

Schlicht und elegant ist dieses barocke Silberbesteck von Georg Carl Brenner.

Fleisch

Kalbfleisch zuzurichten

Ebenso formschön wie geschmackvoll sind die vielseitigen Lorbeerblätter.

800 g Kalbfleisch
100 g Speck
2 große Zwiebeln
Salz
Pfeffer
Nelken
4 Lorbeerblätter
1 Esslöffel Mehl
¼ Liter Fleischbrühe
¼ Sellerieknolle
1 Zwiebel

Die Kochzeit beträgt 1 Stunde.

Thue etliche Stücke dünn geschnittenen Speck in eine Casserole, einen Bügel oder Mittelschenkel wohl gekocht und verhauen, auf den Speck gelegt. Schneide 2 grose Zwieblen, schneide sie zu Stücklein und thue Salz, Pfeffer, Näglein und etliche Lorbeerblätter dazu; laß es schön verdämpfen, daß es auf beyden Seiten recht gelb wird, thue ein wenig Mehl darauf, und laß es noch mehr dämpfen, schütte gute Fleischbrühe daran, laß es aufkochen. Man kan auch 2 Stücklein Zellery dazuthun, wenn es verdämpft ist, samt einer Zwiebel, und es auf kochen lassen.

Amaranthes über den Lorbeer: „In der Küche sind die Lorbeer-Blätter höchstnöthig, angesehen die Köche nicht nur dieselben an viele Speisen zu kochen, sondern auch die Trachten auf denen Schüssel-Rändern darmit zu garnieren pflegen."

Kalbs-Leber zuzurichten

4 Scheiben Leber
100 g weiße Speckstreifen
2 Esslöffel Butter
pro Leber 2 Sardellen
Kapern
Petersilie
Pfeffer
Muskat
Nelken
1/4 Liter Fleischbrühe
Mehl
Zwiebel- und Knoblauch-
  scheiben
Schalotten

Tipp: Den Speck zum Spicken vorher in den Kühlschrank legen, dann ist er fester. Erst nach dem Braten salzen, die Leber wird sonst zäh.

Nimm eine schöne Kalbs-Leber bespicke sie schön mit kleinen Spicken, darnach brate sie gelb in heisem Butter, schneide sie mitten entzwey, wenn sie noch ein wenig roth ist; Als denn nimm ein wenig Capern, 2 Sardellen, ein wenig Petersilien, Pfeffer, Muscatnuß, Näglein und gute Fleischbrühe laß es in einer irrdenen Pfanne kochen, thue die Leber hinein. Ehe sie ausgebraten; so streue ein wenig Mehl darauf, und ein paar kleine Zwieblen geschnitten, 2 Knoblauchkeimgen u. ein gut theil Chalotten; der Speck womit sie durchspicket wird, muß in dem Gewürz um gekehrt werden, man kann sie auch mit kleinen Stücklein Citronen Schalen durchstechen.

Amaranthes hat zu manchen Gewürzen so seine eigenen Ansichten: „Petersilie, oder Garten-Eppich, Es soll auch dieses Kraut ad coitum dienlich seyn. Wie in allen Dingen, also auch hier bey dem Gebrauch der Petersilie ist das Sprichwort zu mercken: Mase ist zu allen Dingen gut. Sonst bleibt die Petersilie ein gut Küchen-Kraut, womit viel Speisen annehmlich gemacht werden, und brauchet man bey solchen Gerichten, daran Petersilie gekochet werden, nur die Helffte Saltzes weil die Petersilie selbst alles Essen saltzet."

Petersilienkraut mitsamt den essbaren Wurzeln aus dem Kräuterbuch des Hieronymus Bock.

Blanc manchée; das ist die weise Gallerey

Nimm 3 oder 4 Kalbsfüse, lasse sie in 2 Maaß Wasser ohne Salz sieden biß auf einen Schoppen, Hernach kan man es in ein kleiner Häflein thun, es darf aber nicht anbrennen. Als denn schütte die Brühe wohl ab in ein klein Geschier. Wenn es kalt ist; so mache alles Fett davon ab. Hernach thue die Brühe, welche ein Schoppen oder etwas weniger seyn soll in eine Pfanne nebst 3 Schoppen süßer Milch, lasse es ein wenig kochen, und thue 1/4 Pfund süße und ein halb viertel Pfund bittere gescheelte und rein gestoßene Mandlen, samt der Schale von einer Citron, und nach belieben Zucker darein, lasse es also eine Weile kochen, alsdenn treibe es wohl durch eine saubere Serviette. Stoße die Mandlen wieder, und treibe sie abermal durch, wiederhohle es noch zum 3ten mal, es muß aber alles warm geschehen. Hirauf giese es in eine Platte, wie eine Gallerey, laß es gestehen, und ziere es nach gefallen. Man nimt von der Füßbrühe, und kan solche roth färben mit Rothrüben, gelb mit Safran, blau mit Wieholensaft, grün mit Spinnet und lasset es durch Tüchlein laufen, alsdenn gieset man es auf Teller etwa halben Messerrücken dick, davon kan man allerhand Figuren schneiden und das weiße damit zieren.

Der kostbare Safran, gewonnen aus den Blütennarben des Crocus sativus, wurde nur selten in der Küche des 18. Jahrhunderts verwendet.

Den Gelée macht man auf folgende Art

Man nimmt 4 Kalbsfuß und 1 Pfund Rindfleisch, das Rindfleisch röste ein wenig auf dem Rost. Thue dieses zusammen in einen irdenen Stollhafen, und setze es zum Feuer, schütte eine halbe Maas Wein und eine gute halbe Maas Wasser darüber und verschäume es wohl. Thue auch ein wenig Salz hinein. Nachdem thue 1/4 Schoppen guten Wein-Essig daran ein paar Scheiben Citron, ganze Zwieblen, ein Lorbeerenblatt, ganzen Ingber, Muscatenblumen, Näglein und Pfeffer. Hernach laß es einen halben Tag ganz langsam kochen; wenn er genug gekocht; so läßt man ihn ein wenig stehen. Alsdenn schüttet man ihn ab. Den anderen Tag hebt man das Fett wohl davon ab, und schüttet ihn in die Pastet.

Amaranthes versteht Gelee so: „Gelee, ist ein gestandener Safft, der aus Fleisch, Elffenbein, Hirschhorn, Hünern und Capaunen, Kälberfüssen und anderen cartilaginösen Theilen der Thieren etc. gekochet, hernach auf vielerley Art und Weise gefärbet und bey andern Essen mit aufgetragen wird."

Auf dieses bis ins Mittelalter zurückreichende traditionsreiche Spielfeld der barocken Küche wollte sich keiner unserer Probeköchinnen und -köche vorwagen.

46 *Fleisch*

Rückel Schnitten zu machen

Hacke das Rückel mit Nierenfett u. Schallotten ganz rein. Weiche Weck ein, und hacke ihn darunter, ehe es noch ganz rein ist. Thue Eyer, Pfeffer, Ingber und Muscatnuß dazu, so daß es etwas düner wird, als Fleischknöpflein Teig. Rühre es alles durcheinander, binde es in ein Tuch, lege es in siedent Wasser, laß es eine halbe Stunde kochen. Nimm es hernach heraus und schneide es zu Schnitten. Lege sie auf eine Platte. Hernach mache eine Brühe darüber von frischem Butter, Mehl und sauern Rahm und Fleischbrühe. Laß sie kochen, aber nicht zu dick. Alsdenn richte sie über die Schnitten an, und laß es noch einmal auf einer Kohlpfanne aufkochen.

Ingwer, der in der modernen Küche erst in den letzten Jahren wieder zu Ehren kommt, war für Amaranthes nahezu allgegenwärtig: „Weil auch die Speisen von dem Ingber einen guten Geschmack bekommen, brauchen ihn, absonderlich den weißen, die Köche entweder gantz oder gestossen, an die meisten Essen."

- 1 Kalbsbries (oder 400 g Tartar)
- 40 g Nierenfett
- 2 Schalotten
- 2 Brötchen in Milch oder Fleischbrühe eingeweicht
- 3 Eier, evtl. 1 Eidotter zusätzlich
- Pfeffer
- 1 Esslöffel gehackter frischer Ingwer
- 1 Messerspitze Muskatnuss
- evtl. etwas Mehl zum Binden

Die Garzeit beträgt 30 Minuten.

Für die Soße
- 1 Esslöffel Butter
- 1 Esslöffel Mehl
- 100 ml saure Sahne oder Schmand
- 150 ml Fleischbrühe
- Salz
- Pfeffer
- Muskatnuss

Tipp: Wenn man Bries nimmt: mit dem Nierenfett durch den Fleischwolf drehen, am besten mit dem eingeweichten und ausgerücktem Brötchen noch ein zweites Mal durchdrehen.

Der Wurzelstock von „Zingiber officinale", der aus dem tropischen Asien stammt, ergibt ein stark aromatisches Gewürz.

Rindfleisch auf eine besondere Art zuzurichten

„Le Bœuf", abgebildet in der „Histoire naturelle" des Comte de Buffon, Zweibrücken, 1785–1791.

Nimm ein gut säftig Stück vom Brustkern, koche es weich ab, doch daß es nicht von einander fällt. Hernach thue es ohngefehr eine Stunde vor dem Essen aus der Brühe, daß es abträufelt. Schneide alsdenn Schallotten ganz klein oder Zwieblen und Peterling auch klein geschnitten. Laß dieses ein wenig wieder verdämpfen. Hernach thue noch dazu eine gute Handvoll Weißmehl, Pfeffer, Ingber, Muscatennuß, sauern Rahm, und ein wenig Fleischbrühe. Laß es ganz dick kochen, alsdenn streiche es auf das Rindfleisch, streue rein gerieben Brod darauf, und lege es in eine Tartenpfanne mit Butter geschmieret. Hernach stelle es in einen Backofen oder mache einen Deckel mit Kohlen darauf, biß es schön gelb wird.

Rindfleisch mit Rahm

800 g Rinderfilet
1 Esslöffel Essig
Salz
1/4 Liter süße Sahne
2 Sardellen
1 Teelöffel Kapern

Man nimmt das Nieren Stück, oder ein ander gut Stück, klopfft es wohl, reibt das Saltz recht hinein, steckts an Spieß, sprengts mit ein wenig Essig, laßts ein wenig brathen, betriefs fleißig mit süsem Rahm, nimm ein oder zwey Sardellen, schneid sie klein in die Brüh, und immer getrieft, biß es gar ist, wann man will, thut man auch Kapern dazu.

800 g Rindfleisch
Schalotten
2 Zwiebeln
Petersilie
1 Esslöffel Mehl
Pfeffer
Ingwer
Muskatnuss
1/4 Liter saure Sahne
1/8 Liter Fleischbrühe
3 Esslöfel Semmelbrösel
Butter

Tipp: Wer keinen Grill hat, kann das Ganze auch im Bräter im Backofen machen, bei 200 °C je nach Form des Fleisches 20–30 Minuten lang. Allerdings darf man das Fleisch dann erst nach dem Braten salzen! Im Kochtopf sieht die Variante so aus: Man nimmt ein gutes Stück Rindfleisch, reibt es mit Salz und Essig ein und brate es an. Dann gibt man die klein geschnittenen Sardellen und die Brühe dazu und schmore das Fleisch auf kleiner Flamme weiter, gebe nach und nach den Rahm dazu bis das Fleisch gar (und vor allem superweich) ist. Zum Schluss fügt man die Kapern hinzu und schmeckt das Fleisch mit Salz und Pfeffer ab.

Tipp: Aus der Brühe kann man mit einem Lorbeerblatt, Möhren, Sellerie, Zwiebeln und Lauch eine gute Suppe machen. Oder man friert die Brühe für andere Gerichte ein.

Eine Rindszunge zuzubereiten

Wenn sie gebrüht und abgezogen, so siede sie ab. Wenn sie weich ist; schneide Rindfleisch in breite Stücklein, wohl geklopft lege sie in einen Stollhafen. Die Zunge mit dicken Spicken gespicket, und darauf gelegt, samt Pfeffer, Ingber, Näglein, Salz, eine Zwiebel, Lorbeeren-Blätter, Knoblauch und ein Glas Wein, laß es langsam kochen. Es darf keine Brühe dazu komen, als die es selbsten gibt, wenn es gar, so thue sie heraus. Man kan sie kalt oder warm essen. Schneide sie den langen Weg von ein ander.

1 Rinder- oder Kalbszunge
200 g Rindfleisch
   (z. B. für Gulasch)
100 g weißen Speck
Pfeffer
Ingwer
Nelken
Salz
1 grob gehackte Zwiebel
2 Lorbeerblätter
2 Knoblauchzehen
¼ Liter Weißwein

Tipp: Die Zunge nicht spicken, sondern lediglich mit dem Speck umwickeln. Das Gericht im Römertopf zubereiten und als Beilage Wildreis und kaltes Selleriemus mit geraspelten Mohrrüben reichen.

Ländliche Idylle mit Rindern und Schafen in antiker Ruinenlandschaft. Gemälde von Johann Heinrich Roos, datiert 1669.

Eine Rinderzunge zu kochen

Laß die Rindszunge auf dem Rost braten biß die Haut abspringt, wenn sie sauber ab ist; so schneide Speck etwa fingers dick und lang. Alsdenn nimm klein geschnittene Schallotten, Salpeter-Salz, Pfeffer und Näglein, mache diß alles durcheinander, kehre die Spicke wohl darin um, und stecke sie mit einer Spicknadel überzwerg in die Zung hart neben einander. Thue in ein jedes Loch ein Stück Salpeter-Salz und mit gemeinem Salz wohl gerieben. Laß sie alsdenn 4 oder 5 Täge, und wenn es kalt ist, noch länger liegen. Schütte hernach das Salzwasser ab, laß es mit rothem Wein und Lorbeerblätter 4 Stunden, aber ganz langsam sieden, decke den Hafen recht zu. Wenn sie genug gekocht und kalt ist; so schneide sie in der Länge mitten entzwey.

1 Rinderzunge
100 g Speck
4 Schalotten
Salpter-Salz
Salz
Pfeffer
10 ganze Nelken
¾ Liter Rotwein

Den Backofen auf 160 °C aufheizen, dann zurückschalten auf 130 °C und vier Stunden garen.

Tipp: Das Salpetersalz bekommt man beim Metzger, ebenso eine ungepökelte Zunge. Der Aufwand lohnt sich, da die Zunge einen sehr delikaten und durch die zehn Spicklöcher mit den Nelken und dem Salz einen sehr unterschiedlich intensiven Geschmack bekommt.
Schneidet man sie, wie im Rezept angegeben, in Längsrichtung, sieht dies nicht nur dekorativ aus, sondern jeder bekommt auch von den verschiedenen Fleischsorten vom Schlund bis zur Spitze ein Stück.

Rastender Hirte mit seinen Tieren. Radierung von Friedrich Müller, datiert 1775.

Languer fourres

Nimm Schweine Zungen lege sie etliche Tage in frisch Wasser, hernach brühe sie daß die Haut abgehet, wenn sie sauber geputzt; so trocken sie mit einem Tuch wohl ab; Darnach nimm Wachholder beeren, Kümmel, Basilicum, Lorbeerblätter. Alles dieses stoße ganz rein. Stoße auch Pfeffer und Muscatnuß etwas gröblich menge es nebst Salz wohl durch einander. Die Zunge ziemlich damit gerieben, lege in ein Geschier, dicht aufeinander, und wohl beschwehrt, lasse sie 5 biß 6 Tagen liegen. Alsdenn stecke sie in sauber geputzte Rindsdärme, jede besonders oben und unten zugebunden, und in Rauch gehänget, der aber nicht gar zu stark ist. Hernach laß sie bey 3 Stunden sieden in dem Darm. Man kann sie auch in rothem Wein sieden. Wenn sie wieder kalt worden, so ziehe den Darm ab; so sind sie vortreflich. Die Rindszungen brühet man nicht, sondern wascht sie nur sauber, und legt sie in diese Baitz, wie die Schweins-Zungen. Wenn sie denn gesotten werden; so gehet die Haut mit dem Darm weg. Hernach schneide sie in Stücklein. Sie sind gewisser maasen besser als Schweins-Zungen.

2 Schweinzungen
   oder 1 Rinderzunge
10 Wacholderbeeren
Kümmel
Basilikum
2 Lorbeerblätter
Pfeffer
Muskatnuss
Salz
³/₄ Liter Rotwein

Tipp: Das Räuchern kann nur vornehmen, wer einen Räucherofen hat; wegen des Darms beim Metzger nachfragen.

„Le Verrat" aus der „Histoire naturelle" des Comte de Buffon, Zweibrücken, 1785–1791.

Fleisch

Knack würst zu machen

Nimm 8. Pfund Schweinenfleisch, 4. Pfund Rindfleisch, 3. Pfund Speck, ein Loth Pfeffer, ein halb loth näglein, so viel Musgathblüth drey Musgathnuß und Saltz, auf das Brett wo man es hackt, muß kein wasser kommen, die helft des Specks muß werflicht geschnitten werden, und die andere gehackt, wann dieses wohl durcheinander, so stopf man es fest in einen Ochßendarm, die Würst läßt man in der stub über nacht trocknen, und laß sie 14. Tag im Rauch hangen, ehe man die därm füllt, müssen sie über nacht im rothen wein liegen.

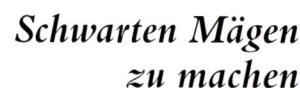

Schwarten Mägen zu machen

Nimm fünff Pfund schweinefleisch, ein Pfund Rindfleisch, beydes reingehackt, ein Pfund Speck klein geschnitten, dieses alles in ein geschirr zusammengethan, auch weich gesottenen schweinen schwarten, sieben loth Saltz, anderthalb loth Pfeffer, ein halb loth näglein, auch so viel Cardemomen, einquintel Coriander, einen kleinen Schoppen wasser in schweinenmägen oder därm gefüllt, wohl zugebunden, und zwey stund sieden lassen, alsdan 12. Tag in den Rauch gehenckt, es muß alles wohl untereinander gewirkt werden wie ein Brod-Teich.

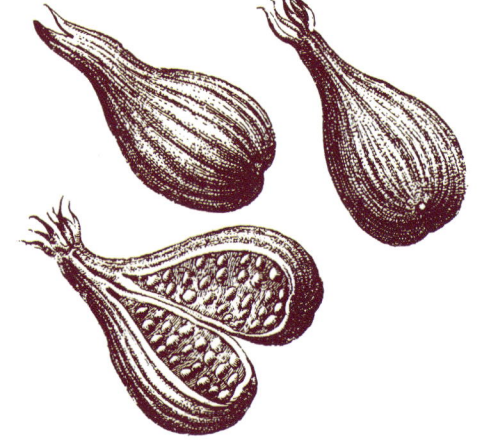

Die Samenkörner der Kardamompflanze ergeben ein kräftiges Gewürz, das im Deutschland des 18. Jahrhunderts vor allem in Würsten Verwendung fand.

Tipp: Diese beiden Rezepte sollte man besser den Profis überlassen, historisch interessant sind sie aber allemal.

Geflügel

Die verschiedenen Vögel sind Amaranthes die folgenden Bemerkungen wert:

„Taube, Columba, Pigeon, ist ein fruchtbarer Hauß-Vogel, der, wo er wohl gehalten wird, die Mühe seinem Versorger noch ziemlich bezahlet. (…) Alte Tauben haben freylich ein hart und zähes Fleisch, hingegen der Jungen ihres ist desto zärter und angenehmer."

„Hüner, Gallinae, Gelines (Poules) sind diejenigen Vögel, so unter dem zahmen Feder-Vieh mit vor die nutzbarsten gehalten werden. Man theilet sie in Junge und Alte ein, und ist jener Fleisch sehr niedlich, dieser hingegen, zumahl wenn sie recht fett seynd, gesund und schmackhafft."

„Capaun, Capus, Chapon, ist ein verschnittener Hahn, welcher deswegen castriret wird, damit er desto feister und delicater zu essen werden möge."

„Gans, Anser, Oye. Gänse, werden in wilde und zahme eingetheilet. (…) Die zahmen sind zwar recht albere, in der Haußhaltung aber sehr nützliche Vögel."

Geflügel 53

Gebackene Gänß-Leber

Die Leber hacke mit Mark, weiche ein wenig weißbrod in Milch ein, nimm Salz Pfeffer, ein wenig Muscatnuß, und zu jeder Leber ein Ey, oder wenn sie groß sind, mehrere mache es wohl durcheinander, thue es in Förmger mit Butter bestrichen und backe es in einer Tartenpfanne. Man kan auch andere Leber und nun diese in die Platt herumlegen.

- 2 Gänselebern (stattdessen Entenleber)
- 2 Esslöffel Mark (alternativ 2 Esslöffel gewürfelten, geräucherten Speck)
- ½ Brötchen
- Milch
- 2 Eier
- Salz
- Pfeffer
- Muskatnuss
- Butter

Bei 160 °C etwa 25–30 Minuten backen.

Tipp: Gänseleber ist heute nur schwer zu bekommen. Wenn sie denn zu haben ist, sollte sie keine gelbe, sondern eher eine graue Farbe haben, andere Leberarten eignen sich aber genauso gut. Statt des Marks sollte man lieber Speck nehmen, das Gericht wird dann leichter, lockerer und frischer. Alle Zutaten fein hacken und abwechselnd in eine feuerfeste Form schichten; z. B. mit Rucola oder Feldsalat garniert, eine hervorragende Vorspeise (für sechs Personen).

In dem Band „Barockes Welttheater. Ein Buch von Menschen, Tieren und allerlei Einfällen" schnattert diese Gänseschar.

1 Poularde

Für die Füllung
20 Krebsschwänze in Öl
Krebsbutter (Öl der eingelegten Krebse)
1 Brötchen
süße Sahne
Petersilie
Basilikum
Mukatenblüte
Fleischbrühe
Ingwer
Salz
50 g gewürfelten Speck
2 Eier
Semmelbrösel

Tipp: Wir haben das Rezept in vereinfachter Form ohne die ganzen Krebse ausprobiert und das „Füllsel" in die Poularde gestopft, uns aber sonst direkt am Originaltext orientiert. Die gefüllte Poularde ist ausgesprochen delikat geraten.

Hahn und Henne auf einer Frankenthaler Porzellanschale aus dem Service von Kardinal Antonelli, 1782.

Gestopfte Hahnen mit gefülten Krebsen zu machen

Lege die junge Hahnen, wenn sie aufgezähmt sind, in frisches Wasser, daß sie schön weiß werden, nim Krebs-Butter, dämpfe sie biß sie gelblich, aber nur nicht braun werden. Lege die gefülte Krebs dazu. Die Krebse müssen erstlich in Salz-Wasser abgesotten, und als denn geschälet werden, jedoch daß die Schwänze am Karch bleiben, woran man die Fäten sauber abputzen muß.

Das Fülsel wird auf nachfolgende Art gemacht. Nimm Krebsschwänze, Weck in süßer Rahm geweicht, und ausgedruckt, Peterling, Basilicum, Muscatenbluth, Ingber, Salz etwas Mark, Nieren-Fett, oder ein wenig Speck, hacke solches alles wohl durcheinander, nim Krebs-Butter, röste solches darin, thue etliche Eyer dazu, und mache das Fülsel wohl durcheinander, fülle damit die Kärche und Schwänze, so viel du dran bringen kanst, als denn mache einen gebrüchten Teig wie man gebrüchten Küchlein machet, tunke die Krebse in den Teig, backe sie und ziere die Schüssel damit. Mache von dem übrigen Fülsel Knöpfer, und fülle die Häuser damit. Zu diesem allem thue Weckmehl, Muscatenblüth, gute Fleischbrühe, laß es kochen biß die Hahnen gar sind. Wenn du sie anrichten wilt so rühre etliche Löfel voll guten Rahm darein. Lege die Hahnen in die Schüssel, und thue die gefüllte Häuser hinzu nebst den Knöbger und Krebsen; So nicht mit gebrüchtem Teig gebacken. Dann diese sind nur vor die Schüssel zuzieren, und müssen nicht in Brühe komen. Die Knöpfer und Krebsger dörfen nicht lange mit kochen, sondern in allem nur eine kleine halbe Stunde.

Geflügel 55

Einen Capaun zu stopfen

1 Hähnchen von 1200 g
100 g Speck
100 g dünn geschnittenes Kalbfleisch
2 Zwiebeln
2 Karotten
Salz
Pfeffer
1 Esslöffel Mehl
Saft einer Zitrone

Wenn der Capaun aufgezähmt so binde die ganze Brust voll Speckschnitten. Alsdenn nimm einen gebauchten irdenen Hafen, lege auf den Boden Speck-Schnitten, denn dünn geschnittene Stücker Kalb-Fleisch, welches vorher ein klein wenig abgekocht seyen muß. Zwieblen etliche Stücker Gelbrüben. Lege den Capaun oben darauf mit Salz und Würz, thue einen wohl schliesenden Deckel darauf, schmiere den Hafen wohl zu, und also in die heise Asche gestellt, so ziehet er selbst seine Sose. Wenn du ihn anrichten wilt, so seyhe die Brüh so er gezogen, durch ein Tuch, röste etwas Weißmehl nicht gar gelb, schütte die Brühe dazu, drücke den Saft einer Citron daran, und richte solche über den den Capaun an, so ist er fertig.

Über die besondere Art des Umgangs mit den Tieren berichtet Amaranthes: „Zäumen, oder Spannen, Hühner, Capaunen etc. Heißet in denen Küchen denen abgebrüheten, ausgenommenen und reingewaschenen Hühnern, ehe sie an den Bratspieß gestecket, oder auch gekochet werden, die eine zusammen gebogne Keule durch den Durchschnitt, durch welchen das Eingeweyde heraus genommen wird, stecken, die andere aber dem über den Rücken hinunter gebogenen Kopff und Schnabel einverleiben."

Kapaune, kastrierte und daher fette Hähne, galten zu Zeiten Elisabethas als besondere Delikatesse.

Ein Huhn mit einer (Jus) Schie-Brüh

Wenn die Huhn ausgenommen und sauber geputz ist; so spicke sie gantz dicht, auf der Brust. Alsdenn Zwieblen mit Näglein besteckt daran gethan, und mit Fleischbrüh abgesotten. Hernach nimm schweinen Fleisch oder speck und schneide solches so dünn du kanst ferner Zwieblen radig geschnitten, auch Rindfleisch, eine verschniettene Gelbrübe und Pestena. Dieses alles verdampfe ganz braun, aber laß es nicht verbrennen. Thue hernach eine halbe Maas Fleischbrühe dazu, und laß sie eine 1/2 Stunde mit kochen. Röste hernach Mehl in Butter ganz braun, rühre es mit der (Jus) Schie an und laß es kochen mit Morchlen Näglein und Muscatnuß, so lang biß man das Mehl nicht daran schmeckt. Hernach brenne eine Nußgros Zucker ganz braun gelb, schütte ein Glasge voll (Jus) Schie daran und lege die Huhn auf die gespickte Seite darein, und verdampfe es biß es gelb wird, schütte alsdenn obige Brühe in eine Platt, lege das Huhn auf den Rücken hinein, und mache den Saft von einer Citron darauf.

- 1 Poularde
- 100 g grünen Speck zum Spicken
- 1 Zwiebel gespickt mit 8 Nelken
- 3/4 Liter Fleischbrühe
- 100 g gewürfelten Speck
- 2 Zwiebeln in dünnen Scheiben
- 3 Mohrrüben in feinen Scheiben
- 1 Pastinake oder 1 Knolle Topinambur
- 1 Glas Kalbs- oder Geflügelfond
- 15 g getrocknete Morcheln
- Muskatnuss
- 1 Esslöfel Mehl
- Zucker
- Saft einer Zitrone

Tipp: Da die Hühner heute sehr viel fetter und zarter sind, kann man das Spicken ohne weiteres weglassen. Das Gemüse in der Pfanne bißfest rösten und als Beilage reichen.

Es dürfte „le Coq" gewesen sein, der in den Kochtöpfen des 18. Jahrhunderts zu finden war. Abgebildet in der „Histoire naturelle" des Comte de Buffon, Zweibrücken, 1785–1791.

Geflügel

Tauben zu kochen in Sardellen

Brate die Tauben in Speck, die Speckgrüben thue davon, streue Weismehl auf die Tauben, und lasse sie noch ein wenig backen; Alsdenn schütte Fleischbrühe dazu, ein wenig Essig, wie auch Zwieblen, Näglein, Pfeffer, Muscatnuß, Lorbeerblätter, Kapern, Morchlen, Trüflen, dabey kochen lassen, biß sie weich sind. Hernach nimm etliche Sardellen, schneide sie in lange Stücklein, laß sie in Butter zergehen. Nim von der Tauben-Brühe und treibe die Sardellen damit durch. Die Tauben müssen in 4 Teile geschnitten werden, als denn muß man die Sartellen-Brühe darüber schütten und ein wenig mit aufkochen lassen.

Die seinerzeit sehr häufig verwendeten Kapern beschreibt Amaranthes wie folgt: „*Capern, Cappares, Capres, sind unzeitige Blumen-Knöpffe, welche sonderlich die Italiäner wohl einzumachen wissen, u. werden die klein- und härtesten Capern vor die besten geachtet.*"

- 2 Tauben
- 100 g Speckwürfel
- Mehl
- 1 Esslöffel Olivenöl
- ¾ Liter Fleischbrühe
- 1 Esslöffel Rotweinessig
- 2 kleine Zwiebeln mit je 4 Nelken
- Pfeffer
- Muskatnuss
- 2 Lorbeerblätter
- 1 Esslöffel Kapern
- 15 g getrocknete Morcheln
- 5 g getrocknete Trüffeln
- 6 Sardellenfilets

Tipp: Man kann die (wirklich köstlichen) Täubchen auch ganz im Ofen bei 225 °C zirka 30 Minuten zu backen, dabei gelegentlich begießen und mit dem Bratenfond die Soße machen.

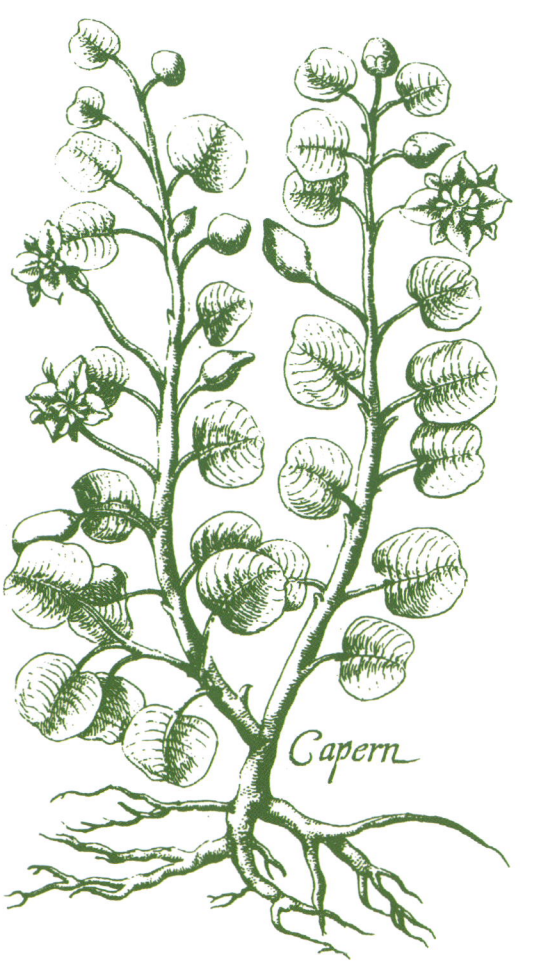

Die eingelegten Blütenknospen des Kapernstrauches durften an kaum einem barocken Gericht fehlen.

Terrinen, die im 18. Jahrhundert für die raffinierten Ragouts in Mode kamen, verraten durch die Form ihren Inhalt. Wildtaube, Straßburger Fayence, um 1750.

Tipp: Damit die Tauben saftig bleiben, zum Braten mit Saisongemüse, etwa Zwiebeln und Karotten oder Sellerie und Knoblauch füllen. Der Arbeitsaufwand ist sehr hoch, lohnt sich aber.

Gebackene Tauben zuzurichten

Nimm junge Tauben, mache sie fertig und putze sie zum braten, lege sie in eine Pfanne, thue Wasser und Essig dazu, wie auch etliche Zwieblen, mit Näglein besteckt, Lorbeerenblätter, zimlich Salz und Pfeffer, den Abgang vom Speck und Speckschwart, laß sie kochen bis sie weich werden; als denn laß sie auf einem Brett erkalten. Hernach klopfe 8 Eyer, bestreiche die Tauben damit, und bestreue sie mit geriebener Weißbrod-Krust und ein wenig Salz untereinander gerieben. Man muß die Tauben an eine Gabel stecken, damit sie rund herum können bestreuet werden, als denn lege sie wieder auf das Brett und laß sie etliche Stunden liegen biß sie trocken sind. Hernach bestreiche sie wieder auf obige Weise mit Eyern und bestreue sie mit Weisbrod. Diese 3 biß 4 mal, und lege sie in eine Pfanne, daß sie schön gelb backen. Lege sie als denn in eine Platte und ziere sie mit gebackenen Petersilien, so sind sie fertig.

2 Tauben
1/2 Liter Wasser
2 Esslöffel Weißweinessig
3 Zwiebeln mit je 6 Nelken
2 Lorbeerblätter
Salz
Pfeffer
1 Speckschwarte
4 Eier
5 Esslöffel Semmelbrösel
1 Bund Petersilie

Bei 225 °C zirka
20 Minuten backen.

Geflügel

Tauben-Compote

Nimm junge Tauben, rüste sie zu, wie zum braten. Hernach hacke Rücklein und Kalbfleisch durch einander, mache es wie ein Knöpfges Teig, fülle die Tauben inwendig und schmiere sie ebenfals auswendig darmit, lege dün geschnittenen Speck darüber und oben darauf dünne Stücker Kalbfleisch, binde es wohl, thue sie in einen Stollhafen, lege Speck oder Butter darein, thue die Tauben, Gewürz und Zwieblen dazu, vermache den Hafen, stelle ihn auf heise Asche etwa eine Stunde lang, hernach thue Kapern und Citron Stücke dazu, laß es noch eine Weile mit dämpfen. Wenn du es anrichten wilt; so thue ein Stück Butter oder Eyerdotter dazu.

2 Tauben
1 Kalbsbries
   (oder 200 g Tartar)
150 g dünn geschnittenen Speck
100 g Kalbshack
100 g Kalbfleischscheiben
2 Esslöffel Butter
1 Esslöffel Kapern
½ Zitrone
Zwiebel
1 Esslöffel Speisestärke

Bei 225 °C etwa 30 Minuten backen.

Die Kropf- und die Feldtaube kommentiert der Band „Barockes Welttheater" mit eigenwilligen Vorstellungen zur Anatomie der Tiere.

Tipp: Wenn man statt Bries Hackfleisch nimmt, das Fleisch mit einer Scheibe eingeweichtem Weißbrot gründlich vermischen.

Fisch und Schalentiere

Bei Amaranthes heißt es zu den vielerlei Arten von Salz- und Süßwasserfischen:

„Fische, Pisces, des Poisons, sind diejenigen Wasser-Geschöpffe, welche in Küchen zubereitet, und von Menschen gegessen werden. Es giebt derselben vielerley Arten, und kan man sie nach ihren Wohnungen und Lager unterscheiden und benennen: als Meer- See- Strom- Fluß- Teich- und Bach-Fische. Alle sind nicht gesund, und muß man in Erwehlung selbiger sich dieses zur Haupt-Regul dienen lassen: Die so in steinigten, harten und frischen Wassern sich aufhalten, sind gesünder, als diejenigen, so in sumpffigten und weichen oder salzigten Wassern wohnen. Jedoch halt ich davor, daß denen von der See entferneten, die See-Fische mehr schaden, als denen an der See wohnenden Leuten, und dieses ratione climatis & diversi temperamenti. Ihre Zubereitung ist vielfältig. Man pfleget selbige einzusaltzen, abzuräuchern, oder frisch zu sieden und zu braten, etc. welche bey jeglicher Sorte insonderheit wird zu sehen seyn."

Bei den Schalentieren ist es vor allem der Krebs, der Aufmerksamkeit findet:

„Krebs, Cancer, Ecreviss; ist ein Thier, das im Wasser und auf der Erde leben kann, und giebt es derer sowol in süssen als in gesaltzenen Wassern, dahero sie auch in Meer-See-Strom-Fluß-Bach- und Teichkrebse eingetheilet werden. Wer die Krebse wohl betrachtet, dürffte bald mit Colero auff die Gedanken kommen: Ein kühner Mann muß gewesen seyn, der den ersten Krebs gegessen hat."

Auf diesem Frühstücksstilleben wurden echte Austern serviert, das Spiel mit Sein Schein war dem folgenden Jahrhundert vorbehalten. Detail eines Gemäldes von Willem C. Heda, um 1630.

Austern zu machen

250 g Kalbsbries,
3 Heringsmilchner
  (ersatzweise 10 g Sardellenfilets auf Salz aus dem Glas, dafür dann 350 g Kalbsbries)
Saft einer halben Zitrone
1 Schuss Wein
Muskatnuss
weißer Pfeffer
2 Esslöffel Butter
16 geputzte Austernschalen

Nim ein Rückel, Milch von einem Hering; oder Sardellen; siede es miteinander verdeckt, wenn das Rückel so schneide es in Stücklein, lege als ein Stücklein in eine Auster Muschel samt ein wenig von der Brüh. Wein oder Citronensaft, Muscatnuß und Pfeffer, ein Stücklein Butter, laß es in den Muscheln aufkochen auf dem Rost, biß die Brühe nebens anfängt braunlich zu werden, so ist es genug, stelle die Muschlen in eine Platt. Kocht man es im Hafen sollen sehr gut seyn.

Tipp: Der Weg zur Heringsmilch ist nicht ganz einfach. Man braucht Vollheringe vor dem Laichen, nicht die geschlechtsneutralen Matjesheringe, und die bekommt man/frau mit etwas Glück von Dezember bis in den April hinein. Dann müssen so lange Heringe ausgenommen werden, bis statt der Rogner ein Milchner erwischt ist.
Heute ist es einfacher, echte Austern zu kaufen! Dies empfiehlt sich ohnehin, um dann die falschen Austern servieren zu können. Ist man tatsächlich fündig geworden, die Milchner in kaltem Wasser einweichen, gründlich abspülen und fein aus der Haut herausschaben.
Bries zuerst wässern, bis es weiß ist, in Salzwasser kochen, pressen und weiter verwenden.

Krebs-Plättlein

Ein vierling Krebs in Fleischbrühe gesotten, geschälet und rein gehackt ein Kalbsrückel in der nemlichen Brühe weich gesotten. Ein Loth rindsmarck, ein Löfel voll gerieben Eyerbrod, klein geschnittene Petersilien, Ingber, Pfeffer, Muscatenbluth, ein wenig Salz mit Eyern dünn gemacht, wie ein Nieren-Flatel-Teig, auf geschnittenes Weisbrod gestrichen, und in Butter gebacken.

Amaranthes beschreibt wie „Dotterbrod" gemacht wird: „Nehmet schönen Zucker eineinhalb Pfund, gut Weitzen-Mehl 1. Pfund, zwölff Eyerdotter, Anis, Fenchel, jedes ein halb Loth, wol gestossen, mischt es untereinander, formiret ihn in Schnittlein, und backet sie ab."

200 g Krebschwänze
 (aus dem Glas)
1 Kalbsbries (oder 100 g
 Tartar)
1 Esslöffel Eierplätzchen
1 Esslöffel Semmelbrösel
1 Esslöffel gehackte
 Petersilie
1 Esslöffel Mark
 (nach Geschmack)
frischen, geriebenen
 Ingwer
Muskatblüte
Salz
Pfeffer
1–2 Eier
Weißbrot
Butterschmalz

Tipp: Wenn man Tartar nimmt, die Krebsfleischmasse bei niedriger Hitze in Butter braten, dann die Fleischküchlein auf das Weißbrot legen und in der Pfanne knusprig braten. Vorzüglich als ungewöhnliche Canapés geeignet.

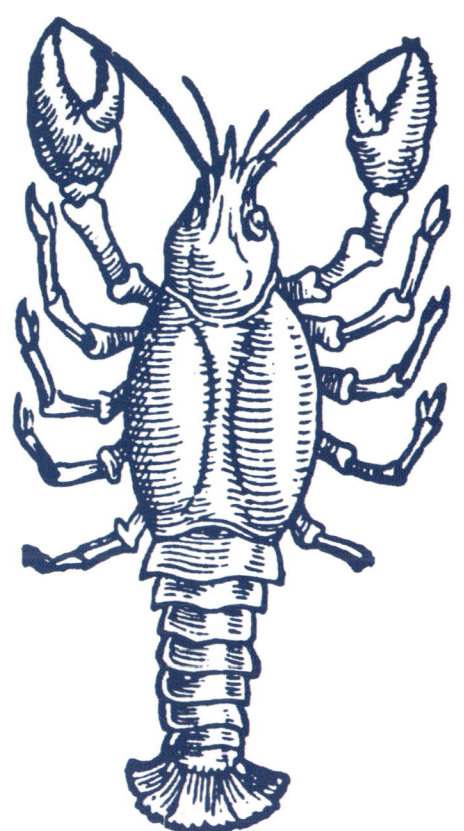

Krebse haben in ihren Panzern grüne, blaue und rote Farbstoffe, die beim Kochen bis auf den roten zerstört werden; daher die leuchtende Farbe eines gesottenen Krebses.

Fisch und Schalentiere 63

Weck mit Krebs gefüllt

Der „Dul- oder Steinkrebs" war zu Leonhard Baldners Zeiten der häufigste Krebs am Oberrhein.

2 weiße Brötchen
1 Ei
200 g Krebsschwänze in Öl
Krebsbutter (oder das Öl)
1 Esslöffel Petersilie
Thymian
Butterschmalz

Für die Soße
¼ Liter Fleischbrühe
2 Esslöffel süße Sahne
1 Esslöffel Semmelbrösel
Muskatblüte
Muskatnuss

Tipp: Mit kleinen Partybrötchen gemacht und mit Rucola garniert als Vorspeise sehr geeignet. Die Soße auf jeden Fall auf der Basis von Fleischbrühe machen.

Nimm Milchbrod höhle sie aus, feuchte die Brodsamen mit süßer Milch an. Zu 3 Milchbrod nim 5 Eyer, und ein halbhundert Krebse, wenn sie klein sind, koche sie in Salzwasser, schäle die Schwäntze ab, das übrige zerstoße fein, und röste es in einem guten Stück frischen Butter, biß es recht rot wird; alsdenn presse ihn durch. Zu dem angefeuchteten Weck, thue Muscatenblüth, und Muscatennuß dazu, rühre es durch einander, röste es in Krebs-Butter. Zu erst thue aber in den Butter fein geschnittenen Petersielien und Dimiean. Wenn es zart geröstet; so fülle es in die ausgehölte Weck. Zuvor aber hacke die Krebsschwänze, thue sie unter das Fülsel, laß etliche zurück in der Brühe. Wenn du die Weck gefüllt hast; so binde sie zu und backe sie schön gelb in recht heißem Butter; als denn mache eine Brühe darüber von süßer Milch. Siede sie erstlich ab, schütte die darüber, und laß sie mit auf kochen. Wenn du sie von dem Feuer zurück setztest; so rühre etliche Eyergelb hinein. Oder mache eine Sose von Fleischbrühe darüber, in der du zuvor die ausgepreßte Krebsschalen auf kochen lassen, daß die Brüh rot wird, alsdenn seihe sie durch, thue in die Brühe etwas frischen Butter, Weckrieblen, Muscatenblüth, süßen Rahm, laß solches unter währendem Rühren aufkochen, richte sie darüber an.

Solche Keramikformen für Krebskuchen gab es in vielen bürgerlichen Küchen.

Einen guten Krebskuchen zu machen

Nimm 1/4 Pfund frischen Butter verrühre ihn glatt ob zu Rahm. Schlage alsdenn 10 Eyer, eines nach dem andern, verrühret dazu. Du kanst sie entweder alle 10 ganz nehmen, oder von 5 das Weise zuruck lassen. Wenn diese glatt abgerühret, so nim vor 1 Xr Weck der zuvor in süßer Milch geweichet, und den hart ausgedrücket ist, stoße ihn in einem Mörsel ganz zart, und rühre ihn unter den Butter und Eyer. Hernach stoße von 40 Krebsen, die zuvor abgesotten, die Schwänze, schäle sie aber vorher ab, und thue sie auch darunter, wie auch ein wenig Salz und Muscatenbluth. Zuvor aber macht man einen Krebsbutter, den man nach und nach etwas wärmlich unter gemeltem Butter und Eyer verrühret. Hernach muß man die Form mit Butter bestreichen, und den Teig hinein thun. Stelle alsdenn die Form in eine Tartenpfanne, lege unten und obenhin Kohlen. Laß es anfänglich ganz langsam zuletz aber geschwind backen. Reibe, wenn es genug gebacken, Zucker darauf, und trage es ganz warm auf den Tisch.
NB Man kan es auch in Förmger backen.

Tipp: Der lockere und schmackhafte Kuchen ist als Imbiss für 4 Personen, als Zwischengang für 6 Personen geeignet.

125 g Butter
5 Eier (3 ganze, 2 Eigelb)
2 weiße Brötchen in $1/8$ Liter süßer Sahne eingeweicht
20 Krebsschwänze (1 kg frische Krebse)
Salz
Muskatblüte
Pfeffer
2 Esslöffel Mehl
Zucker nach Geschmack

Fisch und Schalentiere

Krebs Eyter zu machen

Man nimmt zwey Kreitzer lickenweck, weicht ihn in Milch ein, dann nimmt man 20. biß 25. Krebs, welche sauber gewaschen und in saltzwasser seyn abgesotten, schehlet sie, und putzet die schalen gantz sauber und macht einen Krebsbutter davon, die Krebsschwäntz hackt man gantz klein, oder stoßt sie im Mörschel, dann nimmt man den Weck und drückt ihn hart aus, und nimmt von dem Krebsbutter in ein klein häflein, und thut den Weck dazu, und röstet es, biß es gantz trocken ist, alsdann schüttet mans in eine Erdene schüßel, und thut ein wenig saltz, Musgathenblumen, die gehackte Krebs, dieses alles untereinander gerührt, ein biß 2. Eyer dazu geschlagen, daß es einen Teich giebt, wie ein Knöpfelteich, alsdann nimmt man mehl, und streuet es auf ein brett, und macht langliche würstlein, und kocht sie in siedendeter Milch, wann sie gar sind so thut man sie auf eine zinnern Schüssel mit dem schaumlöffel heraus und rührt ein paar Eyerdotter in die Brüh, man kan ein wenig Saltz oder Zucker in die Milch thun, nach dem es einem beliebt, so ist es fertig.

Die Variante, bei der die Krebsmasse in ein Kuheuter gefüllt und dann in Brühe gekocht wird, hat dem Gericht vermutlich seinen Namen gegeben.

200 g Krebsschwänze
1½ Brötchen
ca. ⅛ Liter Milch
Krebsbutter (bzw. Öl der eingelegten Krebse)
Salz
Muskatblüte
1 Ei
Milch zum Kochen

In der barocken „zinnern Schüssel" serviert, lässt sich der etwas irritierende Name „Krebs-Eyter" des schmackhaften Gerichts ohne Weiteres vergessen.

Tipp: Wenn die Masse zu flüssig ist, Semmelbrösel unterrühren. Man kann die „Würstlein" auch in Fleischbrühe kochen und das Ganze mit Schnittlauch bestreut als salzige Suppe servieren.

Einen Haering-Salat zubereiten

6 ganze Salzheringe
oder 12 Filets
2 Esslöffel Kapern
2 Zwiebeln
Saft und Schale einer Zitrone
2 Esslöffel Essig
4 Esslöffel Olivenöl
½ Bund Petersilie

Nimm die Hering frisch aus der Tonne, ziehe die Haut ab, mache den Kopf und Schwantz ab, schneide den Hering in 3 Theile, den Krath schneide heraus. Zerschneide den Hering zu schmalen Stücklein wie Sardellen, lege sie in frisch Wasser 1 1/2 biß 2 Stunden, aber in dieser Zeit muß man 3 bis 4 mal frisch Wasser darüber schütten, alsdenn thue sie heraus, laß sie vertropfen; so werden sie weiß. Hernach lege sie in die Platt, und ziere sie mit Kapern, Petersilien, Zwiebeln, und zu oberst Zitronenschale so daß es in Form eines Berglein wird; als denn lege von dem Hering als ein Stücklein hart neben das andere, und wieder von obgemeltem geschnittenen; als denn wieder Hering, und also wechsels weise; bis die Platt voll ist; Alsdenn schütte Esig, und Baumöhl und Pfeffer darüber, so ist er fertig.

Über den Hering stellt Amaranthes fest: *„Hering, Halec, Harang e Salé heißt derjenige bekannte Fisch, welcher fast von allen Nationen in Europa beliebet und mit dem größten Appetit verzehret wird."* Und zum *„Baumöl"* heißt es: *„Olivarum Oleum wird aus den zeitigen und reiffen Oliven geprest, und zu uns in Pipen u. Fässern gebracht. (…) So wenig man dieses Oel in Apothecken entbehren kann, so und noch weniger kann man es in wohl-bestellten Küchen missen, weil mit selben vielerley Speisen zubreitet, und dadurch angenehm gemacht werden."*

Nicht im, sondern „vor" dem Wein schwimmt dieser Fisch aus Eichenholz. Fassriegel aus Pleisweiler in der Pfalz, um 1800.

Tipp: Die Zwiebeln blanchieren, beim Übereinanderschichten immer wieder von der Soße dazu geben; lässt sich auch gut mit Matjes- oder Bismarckheringen zubereiten, bei letzteren den Essig weglassen.

Fisch und Schalentiere

Einen Aal zu braten

Stecke den Aal, wenn er zuvor ausgewaschen und abgezogen, auf den Spiß, brate ihn allgemach, und in währendem braten, streue gerieben Eyerbrod darauf, biß er eine rechte Krust bekommt. Man thut auch Pfeffer und Salz unter das Brod. Man gibt ihn trocken auf den Tisch, sie sind wie gebacken. Man kann ihn auch einen halben Tag in Essig legen und also braten. Wenn man will kan man auch eine Butter-Brühe daran machen.

Neben allerhand Abergläubischem konstatiert Amaranthes zum Aal: „Delicaten Mäulern dient der Aal, vor eine Lecker-Speise, daraus sie sich viel machen und ist absonderlich der gebratene Aal (...) denen Phlegmaticis sehr gesund." Die Manier ihn sozusagen als „Schlange" kenntlich ganz auf den Tisch zu bringen, geht noch auf die mittelalterliche Tradition der „Schaugerichte" zurück.

Leonhard Baldners „Aahl", der europäische Flussaal, kommt im ganzen Rhein, aber nicht in der Donau vor.

500 g Stück Aal
geriebene Eierplätzchen
frisch gemahlener Pfeffer
Salz

Gute Hechten zu kochen

Setze Wasser mit Essig und ein wenig viel Salz bey thue darzu 1 oder mehr Zwieblen, nachdem die Zwieblen groß oder Fische viel sind, ein Chalotten und ein Knoblauch Zeh. Diese müssen gantz seyn, daß nicht ein Schnitt darin kommt. Hat man viel Fisch so muß man von jedem 2 Zehen nehmen. Wann dieses in der Pfanne siedend ist, so legt man die Fische mit den Schuppen, deckt sie zu, wenn sie genug gesotten, so thut man sie vom Feuer, und macht die Schuppen ab. Die Sose darüber macht man also: Mann nimmt einen Löffel voll Weißmehl, oder mehr, wenn der Fisch gros, oder viel sind, nimmt eine irrdene Pfanne, thut ein Stück Butter, Pfeffer, Muscatnuß oder Muscatenbluth hinein, so rühret solches halb mit frischem Wasser, und halb mit frisch Brüh an, schneidet Peterling auf von einer Chalotten-Zehe ganz rein, und thut es auch dazu, wie auch Capern und Sardellen, rühret die Sose wohl auf dem Feuer beständig fort. Wenn man sie bald über die Fisch schütten will; so thut man noch ein Stücklein Butter hinein. Sollen sie gut werden, so muß man mehr Butter als Mehl hinein thun. Indessen daß man die Sose rühret, so schälet man die Fisch, legt sie in eine Platte, schüttet die Brühe darüber, u. stellt es auf den Tisch.

1 ganzer, geschuppter Hecht

Für den Sud
Wasser
Essig
Salz
1–2 Zwiebeln
1–2 Knoblauchzehen

Für die Soße
2 Esslöffel Butter
2 Esslöffel Mehl
1/4 Liter Brühe
1/4 Liter Hechtsud
1/2 Liter Wasser
Muskatblüte oder Muskatnuss
1/2 Bund gehackte Petersilie
1 gehackte Schalotte
1 Esslöffel gehackte Sardellenfilets
1 Esslöffel Kapern
1 Esslöffel kalte Butter (zur Soßenbindung)

Die Garzeit beträgt zirka 30 Minuten.

Amaranthes nennt den Hecht einen „*Wasserwolf*" und lobt seine medizinischen Qualitäten: „*In der Artzney haben viele Dinge von ihn einen herrl. Nutzen, jedoch dürffen es nicht die reliquien der Tafel seyn.*"

Hechte waren zu Leonhard Baldners Zeiten in nahezu allen Gewässern zu finden.

Fisch und Schalentiere

Ein prächtiger Hecht ist auch in dem Band „Barockes Welttheater" wiedergegeben.

1 ganzer, geschuppter Hecht

Für den Sud
1/4 Liter Wein
3/4 Liter Wasser
Salz
Pfeffer

Hechten zu kochen in Sardellen

Siede den Hecht mit Wein, Pfeffer und Salz ab. Danach nimm ein gros Stück frischen Butter, kehre ihn in Mehl herum laß ihn in einer Platte auf kohlen zergehen. Thue hernach die Sardellen in ein rein Sieblein, und mache die Krächte davon, nimm von der Brüh darein der Fisch gesotten worden, treibe die Sardellen damit durch, thue dieselbe, nebst ein wenig Muscatnuß und Ingber, wie auch ein wenig Pfeffer und ein gut Theil Kapern in den Butter, laß es ein wenig aufkochen, alsdann schütte es über die Fischleiben ehe man sie absiedet; oder so sie schon abgesotten, kann man sie auch schälen so sind sie fertig.

Für die Soße
2 Esslöffel Butter
2 Esslöffel Mehl
1/4 Liter Hechtsud
10 gewässerte und pürierte Sardellenfilets
1 Teelöffel feingehackter Ingwer
1–2 Esslöffel Kapern
Pfeffer und Muskat

Die Garzeit beträgt zirka 30 Minuten.

1 ganzer, geschuppter
   Hecht
Salz
80 g Butter zum Anbraten
   und Übergießen

Für die Soße
1 Esslöffel Butter
10 klein geschnittene
   Sardellenfilets
1/8 Liter Fleischbrühe
weißer Pfeffer
Muskatnuss
gemahlener Ingwer
1 Esslöffel Mehl
1 Zitrone

Die Garzeit beträgt zirka
30 Minuten.

Gebackenen Hecht in Sardellen

Nimm mittelgattung Hecht, wann sie geputzt seyn, so Saltze sie ein weil, und backe sie gantz gelb, zerschneide Sardellen, lasse sie in Butter zergehen, seyhe sie durch ein Seihbecklein, damit die Krätz davon kommen, schütte fleischbrüh dran, samt Pfeffer, Ingber, Musgadnuß, etliche Zitronenscheiben, ein gut stück Butter mit mehl, richts an.

Zitronen, „rädig geschnitten", wurden auch schon im 18. Jahrhundert gerne zum Fisch gereicht.

Fisch und Schalentiere

Forellen in einer braunen Brühe

Nimm die Forellen aus, wasche sie sauber, und lege sie in einen kochenden Essig. Die Sose daran mache mit rothem Wein, einen anricht Löfel voll Fleischbrühe, ein wenig Muscatennuß, Pfeffer, Muscatenblumen Zwieblen, einem Lorbeerblat und ein wenig Citron. Laß dieses Kochen. Hernach nimm den Forellen aus der Brühe, lege ihn in die Brühe und laß ihn mit kochen biß er gar ist.

4 Forellen
1/2 Liter Rotwein
1/2 Zitrone
Muskatnuss
Muskatblüte
1 Zwiebel
1 Esslöffel Fleischbrühe
1 Lorbeerblatt
Pfeffer

Die Garzeit beträgt zirka 20 Minuten.

Leonhard Baldners „Weiße Forelle" dürfte bei Elisabetha selten auf den Tisch gekommen sein, handelt es sich doch um eine Meeresforelle.

Tipp: Das Überbrühen mit kochendem Essig lässt das Fleisch schön fest bleiben. In der Rotweinsoße ziehen lassen, nicht kochen! Mit Weiß- statt mit Rotwein eignen sich die Gewürze für den unten beschriebenen Lachs.

Salmen zu sieden

Nimm 2. theil Essig, ein theil wasser, allerhand gantz gewürtz und Saltz, laß es kochen, und thue den Salmen dazu, wann er gekocht, so muß er in der Brüh kalt werden.

Amaranthes lobt die Forellen: *„Diese Fische werden auf Herren-Tafeln sehr aestimiret."* Und von dem Salmen weiß er: *„... wird von denen Fisch-Scribenten als der herrlichste und beste Fisch gepriesen, und unter die Herren-Fische gerechnet."* Dem bleibt nichts hinzuzufügen.

4 Scheiben Lachsfilet
3/4 Liter Essig
1/2 Liter Wasser
Pfefferkörner
Salz

Fisch und Schalentiere

Forellen schön blau zu sieden

Nimm Wein-Essig, Wasser, eines so viel als des anderen, eine gute Hand voll Salz, ein gut Theil ganzen Pfeffer, laß es tüchtig miteinander kochen. Hernach schneide die Fisch auf biß an die letzte Floßfedern, mach alles sauber heraus, mach sie gellen, und wenn sie sauber ausgewaschen, so thue sie in eine Platte, schütte Essig darüber nach Gutdüncken, stelle sie ein wenig in die Luft, darnach thue sie samt einer Handvoll Petersilien in die obgemelte siedende Brühe deck sie beheb zu, und laß sie also sieden, biß die Augen wollen herausfallen, dann sind sie gar. Man muß sie aber noch in der Brüh zugedeckt stehen lassen, hernach legt man sie auf die Bäuche in die Platt, mit Petersilien gezieret.

Leonhard Baldners „Waldt Forell" fand sich damals noch in allen klaren Gewässern.

4 Forellen
1/2 Liter Weinessig
1/2 Liter Wasser
1 Bund Petersilie
Salz
Pfeffer

Die Garzeit beträgt zirka 20 Minuten.

Grundlen blau zu sieden

Thue sie in ein Seyhgen, schütte Essig darüber, seye ihn oft ab und schütte ihn wieder darüber, setze halb Wein und halb Wasser in eine Pfanne übers Feuer, und siede sie, wie die vorbeschriebene Forellen.

Tipp: Auch hier gilt keinesfalls kochen, sondern die Fische in siedendem Wasser gar ziehen lassen. Das Rezept eignet sich auch für andere Fischarten.

Fisch und Schalentiere

Grundlen zu kochen

Laß die Grundlen in einem Glas Wein mit einem Eyerdotter sterben, darauf schütte die Brüh ab, und koche sie in Saltzwasser ab, dann nehme die Brüh, wo sie gestorben, thue ein Stück frische Butter dazu, Musgathenblüth und nuß, auch Zitronen Scheiben, rühre sie auf den Kohlen, biß sie kochen will, und dann rühr noch einen Eyerdotter drein, und richte sie auf die Fisch an.

Tipp: Die im Fischfachgeschäft angebotenen „Schmerlen" sind nahe Verwandte der Grundeln. Das Rezept schmeckt natürlich auch, wenn die Fische eines sanfteren Todes gestorben sind.

1 kg Fische
1/2 Liter Weißwein
1/2 Liter Wasser
1 Ei
1 Zitrone
1 Esslöffel Butter
Muskatblüte
Muskatnuss
Salz

Die Garzeit beträgt zirka 20 Minuten.

Amarathes beschreibt die karpfenartigen Bodenfische folgendermaßen: „*Gründling, Fundulus, Goujon*, dieses sind kleine Fische, welche sich gerne in steinigten und frischen Wassern aufhalten. (…) Sie sind gesunde Fische, welche auch Patienten ohne Gefahr essen können."

Leonhard Baldners „Grundel und gehle Grundel" sind heute als Bachschmerlen im Handel zu haben.

Ein fricasirter Karpf

Wann er geputzet ist, so schneide ihn zu Stücker, oder werftlicht, thue Butter in eine Kaßroll, wann er verschmoltzen, so thue den Fisch drein, streue mehl drauf, samt Pfeffer, Ingber, Naglein, Saltz, ein verschnitten Zitron, laß es also verdämpfen, dann schütte einen schoppen wein dazu, laß kochen, wann es genug, so thue ein par Eyerdotter in die brüh, samt noch ein stück Butter.

Amaranthes schwelgt: „Karpffen, Cyprinus, Carpe, ist ein herrlicher und gesunder Fisch, zumahl wenn er weder zu groß noch zu klein, sondern mitte mäßiger Größe, etwa von 2. bis 4. Pfund schwer zugerichtet wird."

800 g Karpfenfilet
3 Teelöffel Butter
1–2 Esslöffel Mehl
1/2 Zitrone
1/4 Liter Weißwein
1 Eigelb
Pfefferkörner
Salz
1/2 Teelöffel Ingwer fein geschnitten
2–3 Nelken

Die Garzeit beträgt zirka 30 Minuten.

Tipp: Man kann die gesalzenen Fischstücke auch in Mehl wenden und dann braten. Die Kochzeit beträgt je nach Größe der Stücke 10–15 Minuten.

Leonhard Baldner berichtet von sogenannten „Müßiggängern", das sind Karpfen mit nur rudimentären Geschlechtsorganen, die infolgedessen besonders schmackhaft seien.

Fisch und Schalentiere

1 ganzer Karpfen oder
  400–500 g Filet
1 Esslöffel Butterschmalz
½ Bund Petersilie
2 klein gschnittene
  Schalotten
Salz
Pfeffer
1 Esslöffel frischer Ingwer
1 Schuss Weißwein oder
  Fischfond
Muskatnuss
4 Nelken
1 Brötchen
⅛ Milch oder
  Fleischbrühe
3 Eier
1 Eigelb
400 g Brot- oder Hefeteig

Für die Soße
1 Esslöffel Butter
2 Esslöffel Kapern
  im Mörser zerstoßen
1 Esslöffel Mehl
100 ml Weißwein
200 ml saure Sahne
Salz
Pfeffer

Die Garzeit beträgt zirka
30 Minuten.

Karpfen zu füllen

Tipp: Den Fisch im Geschäft filetieren lassen, den Brotteig beim Bäcker fertig kaufen oder einen selbstgemachten Hefeteig verwenden. Statt die Füllmasse auf Brotscheiben zu legen, kann man auch die gesamte Masse mit Teig umhüllen und formen.

Karpfen aus fließenden Gewässern gehörten im 18. Jahrhundert zu den beliebtesten Speisefischen.

Den Karpfe schuppe und wasche sauber, ziehe ihn ab, und schäle das Fleisch von den Krähten auf beyden Seiten ab, daß der Kopf der Floßfedern und der Schwanz an der Krahte bleiben. Thue alsdenn das Fleisch in eine Pfanne mit frischem Butter, thue kleingeschnittenen Peterling, Schallotten, Salz, Pfeffer, Ingber, Muscatnuß, und ein wenig Näglein dazu, laß es ein wenig verdämpfen, und hacke es hernach. Hernach weiche Brosamen von Weißbrod ein nach Gutdünken, in Milch oder Fleischbrühe; Wenn es ein wenig weich ist, thue es in eine Pfanne u. rühre es zu einem trockenen Müßlein. Nimm alsdenn 3 biß 4 Eyer, rühre sie unter, das Weisbrod, und rühre es biß es ganz steif ist. Dieses hacke alsden unter den Karpfen; Wenn es rein gehackt ist; so stoße es noch ein wenig im Mörsel. Thue es hernach auf eine Seite der Krähten, doch daß der Kopf und Schwanz nicht bedeckt werde. Hernach mache einen Deckel darauf von Spanischem Brod-Teig. Mache anstatt der Haut oben ein Rämftgen daran. Formiere mit einem Fingerhut Schuppen darauf, und streiche es an mit einem Ey. Hernach lege es in eine Tartenpfanne, oder in eine irdene Platte auf Schnittbrod die wohl mit Butter geschmiret sind, und backe es schön gelb im Ofen. Alsdenn mache eine Capern-Brühe daran u. schitte sie unten in die Platt u. leg den Karpfen darein, so ist es fertig.

Karpfen mit einer braunen Sose zuzubereiten

Nim den Fisch, schuppe ihn ab, wasche ihn sauber, nim ihn aus, wasche das Blut aus mit Wein, zerschneide den Fisch, u. lege ihn in den Wein; thue alsdenn dazu gestoßene Näglein, Pfeffer Mußcatnuß und Muscatenbluth, Ingber, Lorbeerblätter; etliche ganze Zwieblen ein wenig geschnitte Scharlotten und Knoblauch. Laß den Fisch, so lange du noch Zeit hast im Wein stehen. Stelle hernach Schmalzbutter bey, laß ihn heiß werden und röste Mehl. Wenn es fast braun ist; so thue hinzu geriebenes Brod und laß es mit rösten biß es braun ist. Du kanst auch, wenn das Mehl und Brod bald braun ist, noch etliche zerschnittene Zwieblen hinein werfen. Schütte alsdenn den Wein mit dem Gewürz in die Pfanne zu dem gerösteten Mehl und Brod und laß es mit aufkochen. Hierauf thue den Fisch hinein, thue noch hinzu 1 oder 2 Scheiben Citron mit einem Stück frischen Butter. Laß dieses miteinander kochen, biß der Fisch gar ist. Man kan auch Stücke von Schwarzbrod Krust in frischem Butter oder auf dem Rost rösten, so wird die Brühe desto brauner.

Die getrocknete Samenhaut der Muskatnuss, aus der das Gewürz Macis = Muskatblüte, gewonnen wird.

800 g Karpfenfilet
$1/2$ Liter Rotwein
1 Messerspitze gemahlene Nelken
10 Pfefferkörner
2 Lorbeerblätter
Muskatnuss
Muskatblüte
1 Esslöffel geraspelten Ingwer
2 Zwiebeln
1 Schalotte
1 Knoblauchzehe
Butterschmalz
1 Esslöffel Mehl
2 Esslöffel Semmelbrösel
2 Scheiben Weißbrot
2 Zitronenscheiben
1 Teelöffel Butter

Die Garzeit beträgt zirka 30 Minuten.

Eine gute Sardellen Soß

Nimm drey oder vier Sardellen hacke sie klein, thue in ein häfgen ein Stück frischen Butter, laß zergehen, thue die Sardellen darzu, wann es ein wenig geröstet, so thue ein messerspitz weismehl dazu, laß es gelb miteinander rösten, hernach thue wieder süße Butter dazu, auch ein wenig süßen Rahm, Zitronen Schaal, Kapern, Musgathenblüth ein wenig Pfeffer und Näglein, richts apart an zum brathen.

20 Sardellenfilets auf Salz aus dem Glas
125 g Butter
1/2 Teelöffel Weizenmehl
3 Esslöffel süße Sahne
abgeriebene Schale einer halben Zitrone
5 g Kapern
1 Prise Muskatblüte
weißer Pfeffer
1 Prise gemahlene Nelken

Tipp: Passt gut zu gesottenem Fleisch wie auch zu gekochtem Gemüse.

Amaranthes lobt die Sardellen auf seine Weise: „Sardelle, Trichis, (Sarda) Sardelle, ist ein kleiner Fisch, der von der Insul Sardinien, bey welcher er gefangen wird, die Benennung hat. (…) Die Sardellen müssen schon vor alten Zeiten etwas beliebtes gewesen seyn, angesehen sie Apicius, der Römer, vor das allerdelicateste unter denen Lecker-Bissen zu halten pflegte." Die Beigabe von Sardellen war zu Zeiten der Salzsteuer nicht rein kulinarisch begründet, sie hat einfach die Verwendung von Salz reduziert.

Filigran und zart sind die Blüten des Kapernstrauches, aus dessen Knospen das Gewürz hergestellt wird.

Pasteten und Eierspeisen

Amaranthes schätzt Pasteten besonders hoch und gibt auch noch Anweisungen für den geeigneten Teig:

„Teig zu machen zu allerhand großen Pasteten, so ein gebrannter Teig heißet. Nehmet Mittelmehl, so viel als euch beliebet, und nachdem ihr eine große Pastete machen wollet, thut solches auf einen Back-Tisch, breitet es auseinander, daß es in der Mitte hol, und außen herum ein Rand wird, und saltzet es. Hernach gießet siedend Wasser, aber nicht auf einmahl, drein, und vermischet es mit den Händen, so fest als ihr könnet: Wäre etwa nicht genug gegossen worden, so gießet mehr nach, doch müsset ihr euch in Acht nehmen, daß der Teig ja nicht zu weich werde. Arbeitet solchen fein glatt ab, denn ie mehr er gearbeitet wird, ie zäher wird er, darnach könnet ihr drein schlagen, was euch beliebet."

Was eine Pastete ist, erklärt er so: *„Pastete, Ist ein vortreffliches Essen, daß die Köche aus gewissen Dingen, z. E. aus Fleisch, Wildpret, Fischen oder Vögeln zubereiten, von selbigen hernach eine gewisse Sorte nebst Gewürtz und Jus in einen Teig, so nach Proportion der Inlage fast wie eine Schachtel zierlich formiret wird, schlagen, solche in einen Backofen setzen, worinnen er zusammen dämpffen und kochen muß."*

Salmen-, Forellen- oder Salming Pastet

Wenn die Fisch ausgenommen, so schütte Essig darüber daß sie blau werden. Wilgere den Teig und lege ihn in die Pfanne, streue auf den Boden Salz, Mehl, Pfeffer, Ingber, und Muscatnuß, lege die Fisch darauf wie auch Morchlen, geschnittene Petersilien, Citronen rädig geschnitten, auch eine Zwiebel mit Näglein besteckt, thue wieder Gewürz darauf, und Butter, thue den Deckel darauf. Wenn sie gelb gebacken; so schütte Fleischbrühe daran, zuletzt ein paar Eyerdotter. Die Aalpasteten macht man auch also, aber anstatt Pettersilien, nimmt man Lorbeerblätter, und zur Fleischbrühe ein wenig Essig.

800 g Lachsfilet
2 Esslöffel Weinessig
Salz
frisch gemahlenen Pfeffer
Ingwerpulver
Muskatnuss
15 Gramm Morcheln
200 g Champignons
½ Bund Petersilie
Scheiben einer halben Zitrone (ohne Schale)
1 kleine Zwiebel
8 Nelken
2 Esslöffel geschmolzene Butter

Für den Teig
200 g Weizenmehl
2 Esslöffel Olivenöl
50 g Butter
Salz
so viel Wasser wie nötig
1 Eigelb zum Bestreichen

Bei 200 °C zirka 45 Minuten backen.

Tipp: Statt als Auflauf, wie im Rezept angegeben, als Pastete zubereiten. Warm servieren, das Begießen mit Fleischbrühe empfiehlt sich, auf die Eier in der Soße lässt sich verzichten. Feldsalat schmeckt besonders gut dazu.

In deutschen Flüssen kamen Lachse während des 18. Jahrhunderts noch in großen Mengen vor.

Tauben Pasteth

Nimm Junge Dauben, wann sie sauber geputzet, so schneide sie in 4.tel, nimm 1 oder 2 Kalbsrückel oder eine Kalbsnieren, zu dem rückel nimmt man Speck und nieren fett dazu, hackt es klein, thue Saltz Pfeffer Mußgathennuß und ein wenig näglein dazu, auch klein geschnittene Schalotten, mache es wohl untereinander wahl einen Mürbenteich nicht gar dick, dan lege die tauben darauf, zuvor, aber bestreue den boden von dem gehackten, etwan fingersdick, samt saltz und gewürzt, auch morgeln Chambinjon trüflein artischoken Kaß kapr Zitronen und butter auch mehl, wann man sie anrichtet so klopfe ein paar Eyerdotter drein wohl geschüttelt.

Das Gericht erhält durch die hoch geschätzten Morcheln einen besonders feinen Geschmack. Amaranthes dazu: „Morgeln, Pumiceus boletus, Morille, ist eine Gattung von Schwämmen, die auf feisten Wiesen, auch unter denen Steinen wachsen, und stehen solchen die Leckermäuler sehr nach, die sie entweder frisch mit Gewürtz bereiten und an Spießlein braten, oder zum Gebrauch anderer Speisen abdörren lassen."

Tipp: Die Tauben zirka 40 Minten kochen, das Fleisch von den Knochen lösen, dann weiter wie beschrieben. Dank der Gemüsezutaten ist diese Pastete ein besonders edles Gericht.

2 Tauben
1 Kalbsbries oder 1 Kalbsniere (oder 150 g Tartar)
50 g gewürfelter Speck
Salz
Pfeffer
Muskatnuss
Nelkenpulver
2 klein geschnittene Schalotten
200 g Champignons
15 g Morcheln
4 geviertelte Artischockenböden
2 Esslöffel geschmolzene Butter
Saft einer halben Zitrone
Kapern nach Geschmack
2 Eier

Für den Teig
200 g Weizenmehl
2 Esslöffel Olivenöl
50 g Butter
Salz
so viel Wasser wie nötig

Bei 200 °C zirka 50 Minuten goldbraun backen.

Frühstücksstillleben mit Pastete. Ausschnitt aus einem Gemälde von Gerrit Willemsz. Heda, um 1650.

Pasteten und Eierspeisen

400 g fein geschnittenes
   Fleisch, z. B. Rinder-
   und Schweinebraten
   gemischt
100 g sehr dünn geschnit-
   tener Speck zum
   Abdecken

Für die Füllung
200 g Tartar
1 Knoblauchzehe
2 fein geschnittene
   Schalotten
2 Sardellenfilets
50 g fein gewürfelter
   Speck
2 Esslöffel Semmelbrösel
1 fein zerstoßenes
   Lorbeerblatt
abgeriebene Schale
   einer Zitrone
frisch gemahlener Pfeffer
Nelkenpulver
Salz
Muskatnuss
1 Esslöffel Balsamico-Essig

Für den Teig
200 g Weizenmehl
2 Esslöffel Olivenöl
50 g Butter
Salz
so viel Wasser wie nötig

In einer Auflaufform bei
200 °C etwa 50 Minuten
backen.

Eine kalte Pastet

Über zehn Meter hoch wird der Gewürznelkenbaum, dessen getrocknete Blüten ihrer Form wegen als „Näglein" im Handel waren.

Ohne sie ging fast gar nichts: „*Neglein, oder, Nelcken, Carophylli, Cloudxdes Giroxles sind ein herrliches Gewürtz (...), mit welchen der Koch sehr viel Speisen wohlschmeckend und gesund machet.*"

Nim zu einem Pfund Mehl 1/4 Pfund Butter oder auch mehr, rüble ihn, und thue einwenig Salz hin ein. Mache ein dicken festen Teig, daß man ihn aufsetzen kann. Wenn du ihn aufgesetzt hast; so lege gebeitztes oder ander Fleisch hinein. Nimm auch ein Stücklein Kalb oder Rindfleisch, ein wenig Knoblauch, Schalotten, Zwieblen, Sardellen und ein Stuck Speck. Dieses alles hacke fein. Hernach rüble ein wenig Brod, schneide Lorbeerblätter, und ein wenig Citron ganz klein darunter, und zerhacke es unter das vorrige. Thue Pfeffer, Näglein, Muscatnuß und ein wenig Salz dazu, und feuchte es mit Essig ein wenig an. Von diesem Fülsel thue auf den Boden des Teiges, lege das Fleisch darauf, salze und bestreue es mit dem nemlichen Gewürz, wie das Fülsel. Das Fleisch muß auch vorher mit Spicken Speck gespicket werden. Lege zwischen dieses Fleisch das übrige Fülsel, und obenhin oder unten dazwischen noch etliche Scheiben Citron und Kapern. Wenn alles darin ist legt man noch breitgeschnittene dünne Stücke Speck darauf. Hernach macht man einen doppelten Deckel darauf und backet sie im Backofen.

Tipp: Die im Original angegebenen Zitronenscheiben weglassen, sie schmecken zu kräftig.

Der Pfefferstrauch kann bis zu 15 Meter hoch werden.

Beim Pfeffer rät Amaranthes zur Vorsicht: „*Der Pfeffer ist sonst von hitziger Art, und vertragen denselben nur gewisse Speisen. So essen auch viel Leute nicht gerne gepfeffert, muß dannenhero bey denen Zubereitungen der Speisen auf alles und iedes genau regardiret werden.*"
Salz dagegen ist unentbehrlich: „*Saltz, Sal, Sel, ist das allernöthigste Stück in einer Küche, ohne welches kein eintziges Essen könte schmackhafft bereitet werden.*"

Tipp: Das Gericht schmeckt besonders gut zusammen mit einem Kompott aus sehr herben Äpfeln (z. B. Boskop mit ganz wenig Weißwein gekocht).

250 g gekochtes Kalbfleisch
2 Esslöffel Sultaninen
1 Esslöffel Rosinen
1/8 Liter Weißwein
1 Esslöffel Sherry-Essig
frisch gemahlener Pfeffer
abgeriebene Zitronenschale
1 Esslöffel Zucker
Muskatnuss
Fleischbrühe
1 Teelöffel Butter
1 Ei

<u>Statt des Brotteigs</u>
200 g Mehl
2 Esslöffel Olivenöl
50 g Butter
Salz
Wasser nach Bedarf

Bei 200 °C etwa 40 Minuten backen.

Eine sauer süsse Pastet

Wenn man Kalbs-Braten oder auch ein wenig abgekocht Kalbsfleisch hat, so hackt man es ganz rein und nimmt grose und kleine Rosienen, und läßt sie ein wenig mit Wein oder Wasser kochen, und thut sie unter das gehackte Fleisch, thut auch noch ein wenig Essig, Citronen-Schal gerieben hinein, ein wenig Zucker und Muscatnuß und ein wenig Pfeffer, ein wenig Butter in Fleischbrüh zergehen lassen und mit einem Ey wird dieses alles angerühret; Hernach mache einen Spanischen Teig, thue es hinein, und mache einen ausgeschnittenen Deckel darauf, und backe sie in der Tarten-Pfanne. Wenn man sie aufträgt, so reibt man ein wenig Zucker darauf.

Wildbretts Pastetger

Nimm von kaltem Wildbrettsbraten, oder kalten Haaßen, hacks mit Nierenfett oder Marck, thue wein Musgathennuß, Ingber näglein und klein geschnittene Zitronenschelen auch Kapern und in einem Teich gebacken.

Für den Brandteig
350 g Mehl
1 Teelöffel Salz
120 g Schweineschmalz
180 ml Wasser

Für die Füllung
500 g Bratenreste
  z. B. Hirsch, 350 g
  faschiert, 150 g in
  Streifen geschnitten
50 g Nierenfett
Muskatnuss
Salz
3 gemörserte Nelken
1 Teelöffel kleingehackter
  Ingwer
abgeriebene Schale einer
  halben Zitrone
1 Esslöffel Kapern
1 Ei zum Binden

20 Minuten bei 200 °C,
dann 30 Minuten bei
175 °C backen.

Tipp: Die Pastete schmeckt kalt oder warm gleich gut.

Eigentlich war Wildbret ja der adligen Tafel vorbehalten; vielleicht hat Elisabetha es als Frau eines Hofbeamten und noch dazu des Oberförsters ja bekommen können.
Hasenfleisch findet bei Amaranthes eine etwas zwiespältige Würdigung: *„Sein Wildpret haben die alten Medici nicht loben wollen (…); unter aller Thiere Fleisch ist keines, das so viel Melancholey machet, als Hasenfleisch. Allein die Liebhaber dieses Wildprets lachen darüber, und kehren sich wenig an diese marque, vielmehr halten sie solches vor was delicates und niedliches, zumahl wenn der Hase nicht gar zu alt ist."*

Drei Hirschgattungen aus der „Histoire naturelle" des Comte de Buffon, Zweibrücken, 1785–1791.

Eine gute Eyertart zu machen

½ Liter süße Sahne
500 g abgezogene, gemahlene Mandeln
4 Eier
abgeriebene Zitronenschale
Zimt

Statt des Brotteigs
200 g Weizenmehl
80 g Butter
1 Ei
1 Esslöffel Zucker

Man nimmt zu einem Schoppen süßen Rahm 1/2 vrtl geschälte u. rein gestoßene Mandlen, 6 bis 7 Eyer, ein wenig geriebene Citron ein wenig Zimmet. Dieses in spanischen Teig gethan, und in der Tartenpfan gebackt.

Eyer-Käß zu machen

In solchen Töpfen mag Elisabetha gekocht haben. Stilkasserolle aus Kupfer, deutsch, 18. Jahrhundert.

1 Liter Milch
6 Eier
¼ Liter Dick- oder Sauermilch
4 Esslöffel Rosenwasser
4–5 Esslöffel Zucker

Für die Soße
¼ Liter Sahne (oder Milch)
1 Eiweiß
4 Esslöffel Zucker
2 Esslöffel Rosenwasser

Nim 1 Schoppen Milch, lasse sie kochen, als denn zerklopfe 6 Eyer hinein mit einem viertel Schoppen saueren Milch, und ein wenig Rosenwasser und ein wenig Zucker, lasse es überm Feuer stehen biß es bald kochen will, alsdenn setze es vom Feuer und stelle eine Platte darauf mit kaltem Wasser und laß es ein wenig stehen. Wenn es sich nun gescheiden hat so schöpfe es heraus in Formen und lasse es ablaufen. Alsdenn mache eine Sose darüber, von einem halben Schoppen süsen Rahm, 2 Eyerweiß klopfe hinein, stelle es auf eine Kohlenpfanne, thue auch ein wenig Zucker und Rosenwasser hinein. Man muß es beständig rühren, biß man siehet, daß es bald kochen will, so stellet man es herunter. Hernach thue die Eyer-Käß auf eine Platt, und schütte die Sose darüber, und laß es miteinander kalt werden.

Pasteten und Eierspeisen

Gefüllte Eyer von P. G. s.

Siede die Eyer ganz hart, schneide sie in der Mitte voneinander, mache das Gelbe heraus, und hacke solches unter jungen Sauerampfer und etwas Spinat, welcher aber vorher ein wenig abgebrüht seyn muß, röste dieses Fülsel als denn in etwas frischen Butter mit Pfeffer und Salz. Wenn es gut, so schneide etwas frischen Butter auf eine Schussel, thue das Fülsel hinein, und stilpe die halbe Eyer darüber, schabe ein wenig Muscatennuß darauf u. stelle sie auf Kohlen so sind sie fertig. Es muß auch etwas Rahm dazu.

4 hart gekochte Eier
1 Hand voll Sauerampfer
1 Hand voll Spinat
1 Esslöffel Butter
Pfeffer
Salz
Muskatnuss

Tipp: Statt die Eierhälften über die Masse zu stülpen und noch einmal zu erwärmen, die Hälften mit der Masse füllen und auf die Sahne verzichten, dazu Schwarzbrot. Schmeckt hervorragend.

Kücheninterieur mit Stollhafen, Wasserkanne und Wasserbütt. Ausschnitt aus dem Gemälde „Häusliche Milchwirtschaft" von Hendrik Sorgh, um 1650.

Eyer-Kuchen mit Sardellen

Mache Teig wie zu einem ordinairen Kuchen aber von etwas mehr Eyern; Wenn die Sardellen geputzt; so thue sie samt Pfeffer in den Teig und backe es. Der Kuchen darf nicht viel dicker als eines Fingers dick seyn, thue etwas viel Sardellen hinein, wie auch ein wenig Petersilien und Zwieblen, wer es liebt, Thue auch ein Stück Butter in den Teig.

8 Eier
2 gehäufte Esslöffel Speisestärke
2 Zwiebeln in Scheiben
16 Sardellenfilets
eine Handvoll grob gehackte, glatte Petersilie
Salz
Pfeffer
100 g Butter

Tipp: Als Omelett zubereiten. Dazu Eiweiß steif schlagen, Eigelb mit 4 Esslöffeln Wasser schaumig schlagen, die restlichen Zutaten vorsichtig unterheben.

Stilleben mit Eierkorb und Früchten, Gemälde von Roland Delaporte, 1788.

Pasteten und Eierspeisen

Zwey gebackenes

Nimm mehl rührs mit Milch ein, schlage Eyer hinein, und thue ein wenig guten Brandwein dazu, auch ein wenig Saltz, und Musgathenblüth, der Teich muß um die Wahl dicker seyn, als ein Pfannkuchenteich, alsdann schmiere eine Tartenpfann mit Butter und schütte den teich drein, laß ihn backen.

Tipp: Von beiden Seiten goldgelb gebacken schmeckt das Gericht ähnlich wie ein Pfannkuchen und ist hervorragend als Beilage geeignet.

100 g Mehl
4 Eier
2 Esslöffel Kirschwasser
1/8 Liter Milch
Salz
Muskatblüte

Zwiebeln aus dem Kräuterbuch des Hieronymus Bock.

Einen Dicken Pfannkuchen zu machen

Nimm einen Eßlöfel voll Weißmehl, 1/4 Schoppen kochend Wasser, brühe das Mehl damit an, nim ein wenig würflich geschnittenen Speck, laß ihn zergehen, Schneide Zwieblen, Schnittlauch und Peterling ganz klein dazu, und laß es mit dem Speck rösten. Dieses thue hernach zu dem angebrüten Mehl, und mache es mit 7 oder 8 Eyer dünn. Alsdenn mache eine dicke Pfanne mit ein wenig Butter heiß, und thue den Teig hinein, decke sie mit einem Deckel zu, lege unten hin und auf den Deckel Feuer und laß ihn wohl ausbacken.

1 Esslöffel Weizenmehl
1/4 Liter Wasser
100 g gewürfelten Speck
1 Zwiebel
1 Bund Schnittlauch
1 Bund Petersilie
7 Eier

Tipp: Ein schnelles Essen. Die Pfanne muss hoch sein, da die Masse um fast das Doppelte aufgeht. Zusammen mit einem bunten Salat ein herzhaftes Gericht.

Pasteten und Eierspeisen

Obst und Gemüse

Beim Obst berichtet Amaranthes von vier Grundumgangsarten:

von „anreyhen" (zum Trocknen auffädeln), „backen" (im Ofen trocknen), schneiden (zur Dekoration in Formen und Figuren schneiden) und „treugen" (zum Trocknen aufhängen).

Die Wertschätzung von Obst und Gemüse war, anders als heute, eher mäßig:

„Zugemüse, oder, Zumus Heißen in denen Küchen diejenigen schlechten oder geringen Speisen, so nach dem Fleisch, Fisch oder Gebratens auffgesetzet werden, als da ist: Getreugtes und abgekochtes Obst, allerhand Mus und Tiegelbrey, Eyer auf vielerley Art zugerichtet, abgekochte Garten- und Kohlgärtner-Kräuter und Wurtzeln, u. d. g. m."

Dennoch war die Konservierung von Obst und Gemüse eine Notwendigkeit. Zum „Condiren oder Einmachen" schreibt Amaranthes:

„Heisset allerhand Sachen in Zucker oder Honig sieden oder setzen, damit sie um so viel angenehmer im geschmack seynd, und sich länger halten mögen. Hierzu sind tauglich, Wurtzeln, Rinden, Stengel, Früchte und Obst, auch etliche Blumen."

Gefüllte Citron

Pro Zitrone
50 g abgezogene, gemahlene Mandeln
1 Esslöffel Rosinen
1 Esslöffel Zitronat
1 Esslöffel Zucker
1 Messerspitze Zimt
1 Eigelb

Bei 200 °C etwa 20 Minuten backen.

Nimm eine saftige Citron schneide sie in die Länge Mitten entzwey, mache das Mark heraus, und koche sie in einem saubern Geschier weich ab. Hernach lege sie heraus, daß sie vertropfen. Nim das Marck, koche es in Wasser mit einem Stück Zucker, biß es schön klar wird, seihe es durch ein Tüchlein und laß es stehen. Schäle alsdenn Mandlen, und verstoße sie mit ein wenig Zucker, rühre es an mit einem Eyerdotter und thue ein wenig zerstoßenen Zimmet und Rosinen daran. Hiermit fülle die Citronen-Schalen ganz gleichling. Hernach schütte ein wenig Brühe in eine Pfanne; so das eben der Boden bedeckt ist, lege die Citron in die Pfanne, das Gefüllte in die Höhe, mache einen Deckel auf die Pfanne, lege Kohlen darauf, und laß es schön gelb backen, hernach schütte die übrige Brühe daran und laß es noch ein wenig aufkochen. Alsdenn lege das Gefüllte in die Brühe. Ein solches Fülsel kan man auch machen mit Eyerdotter, Rosinen, Zimmet u. Citronat, die Kernger aber nimmt man heraus.

Tipp: Der Geschmack ist sehr ausgeprägt. Daher in dünne Scheiben schneiden und als Beilage z. B. zu Zitronen- oder Vanilleeis servieren.

Citronen zu backen

Stillleben mit Früchten. Detail aus einem Gemälde von Jan J. de Heem, um 1690.

Schneide die Citronen radigt, lege sie in Zucker, daß sie durch und durch süß werden. Alsdenn nimm schön Weismehl, mache Zucker ein wenig Zimmet und Eyerklar darunter. Hernach mache einen dicken Teig daraus, die Scheiben dadurch gezogen, und in Butter gebacken, auf diese Art kan man auch Äpfel backen.

1 Zitrone in dünne Scheiben geschnitten
100 g Zucker zum Einlegen
Mehl
Zucker
1/4 Teelöffel Zimt
1 Eiweiß

Obst und Gemüse

Gefüllte Äpffel zu machen

Wann der Apffel geschehlt, schneid oben ein deckel ab, hohle ihn aus, mache eine von Mandeln, ein wenig weckmehl, Zitronath, Zitronen schehl, grose Rosinen, und ein Paar Eyerdotter, fülle die äpffel mit an, stecke das decklein mit geschnittene mandeln wieder an, und thue in ein äpffel küchlein teich und backe ihn in Butter.

Amaranthes meint: „Aepfell sind Baumfrüchte, welche auch denen Kindern bekanht. Sie werden in zahme und wilde eingetheilet. Diese heissen Holtz-Aepffel und sind eines herben und sauren Geschmacks: jene gute Aepffel. Etliche Frantzösische Botanici haben schon über anderthalb hundert Arten derselben angemercket, deren Unterscheid theils aus dem Geschmack und Geruch; theils aus der Gestalt; theils aus der Landes-Art und des Besitzers Boden, wo sie gewachsen, zu erlernen ist."

Saftig und prall: die reifen Äpfel am Baum, mit flottem Pinselstrich: die Porzellanmalerei.

4 säuerliche Äpfel
40 g Mandeln
1 Esslöffel Semmelbrösel
1 Esslöffel Rosinen
1 Esslöffel Zitronat
2 Eidotter
abgeriebene Zitronenschale
Mandelstifte

Für den Teig
300 g Weizenmehl
100 g Butter
1 Ei
1 Esslöffel Zucker

Bei 175 °C zirka
40 Minuten backen.

Obst und Gemüse

Mirabellen einzumachen

1 kg Mirabellen mit Stiel
750 g Zucker

Erstlich nim Mirabellen wann sie noch schön hart sind schneid die Stiehl halb ab, stech in Jede biß 5 oder 6 mahl mit einer steck Nadel, lege sie in frisch Wasser in eine Pfann aufs feuer wann es kocht thue die Mirabellen hinein, wann sie anheben zu kochen, thue sie wieder vom feuer, schütte sie trocken ab, hernach nimm zum Pf Mirabellen 3/4 Pf Zucker läutere Ihn, hernach thue sie hinein, laße sie langsam sieden ohngefähr 1/4 Stundt, hernach stelle sie zurück biß den andern tag dann siede sie wieder ein wenig laße sie wieder stehen, biß den andern tag, hernach siede sie wieder biß der Zucker schön hell zähe ist, sie müssen aber allemahl wohl geschaumet werden, wan sie halb kalt sein, so thue sie sacht in die gläser daß sie nicht vertruckt werden, hernach thue den Saft drauff, binde dan ein Bapier darauf und steche es mit einer steck Nadel. Hebe sie auf.

Gute Kirschen einzumachen

1 kg Kirschen
    oder Schattenmorellen
750 g Zucker

Tipp: Das heiße Kompott in Schraubgläser füllen, deren Deckel mit Rum benetzt sind; es hält sich dann einwandfrei. Beide Sorten eignen sich besonders gut als Beilage zum Braten.

Erstlich müßen die Kirschen sauber abgewischet, und die Stiehle halb abgeschnitten werden, dann nimm zu einem Pfund Kirschen dreyvirtel Pfund Zucker, der Zucker muß erst mit zwey Glaßer brunnen wasser kochen, bis er wie ein Sierop wird, danach thut man die Kirschen in den gekochten Zucker, und läßet alles miteinander langsam kochen, biß der Saft auf dem deller steht, will man aber Johannesträubleinsaft darunter thun so muß man zu einem Pfund Johansträublein ein Pfund Zucker nehmen und zusammenkochen lassen.

Blumen- und Früchtestilleben von Georg Flegel, Aquarell, um 1630.

Einen guten Kirschensaft zu machen

Man nimmt abgezopfte Amarellen 4 Maaß-Kannen voll, stoßet sie in einem Mörsel. Darnach thut man sie in einen irden Geschirr, man stoßt auch 4 Loth Zimmet und 1 Naglein groblich, und vermischt es darunter, läßt es 2 Stunden wohl zugedeckt stehen; Alsdenn läßt man es auf einem Hellen Feuerlein einen Sutt und läßts wieder 2 Stunden stehen. Hirauf preßt man es durch ein Tuch, thut 2 Pfund Zucker hinein, läßt 3 starke Sutt thun, läßt ihn in einem andern Geschierr kalt werden, und verwahrt ihn in Gläßern. Hievon kan man das ganze Jahr Kirschenwein machen. Er ist auch in hitzigen Krankheiten gut.

- 1 kg entkernte, pürierte Kirschen oder Schattenmorellen
- 1 Messerspitze Nelken
- 1 Teelöffel Zimt
- 1 gemörserte Nelke
- 250 g Zucker

Tipp: Zum Einfüllen verwende man einen: „Trichter, oder Füll-Hals, Ist ein von Blech oben weit und unten rund zugespitzter Einsatz, wodurch man alle fließende Sachen in Bouteillen, Fässer, Flaschen und andres Geschirr, auch die Brühen in die Pasteten lassen kann."

Den Kirschen gegenüber ist Amaranthes eher indifferent: „In der Küche haben die Kirschen auch ihren Nutzen, wassen viel Leute so wohl die frischen als abgedörreten zu kochen, und anstatt eines guten Zugemüses auffzusetzen pflegen: ingleichen braucht der Koch dieselben öffters bey gewissen Torten, Klösen und Gebackens."

Stilleben mit Kirschen.
Detail aus einem Gemälde von Jan van de Velde, um 1630.

Obst und Gemüse

Gefülte Artischocken

Siede die Artischocken halber, puze ihn, wie sichs gehöret, doch daß er nicht von einander fällt, als denn nimm 2 Köpf, puze sie und hacke die Wädel, thue dazu ein gut Stück Mark, mit geröstem klein geriebenen Weisbrod, wie auch Ingber, Salz, Muscatnuß, Eyer und wenn man will, so kan man ein wenig Rahm dazu thun, daß es wird, wie ein Knöpfel-Teig; denn fülle den Artischocken, zwischen die Blätter auch einen guten Theil auf die Käß, binde ihn mit einem Faden, daß er beysamen bleibt, hernach stoße die Schale rein, treibe sie durch mit Fleischbrühe 2 oder 3 mal, biß die Brühe roth wird, thue den Artischocken in einen Stollhafen, thue die Brühe samt einem guten Stück Butter dazu, laß es mit einander kochen, biß es genug ist, wenn man noch Teig übrig hat, so kan man kleine Knöpflein daraus machen. Wenn die Brühe zu dünn ist, so kan man noch einen Eyerdotter hinein rühren mit welchem man 2 Artischocken füllen kan, man muß nicht gar zu viel Brühe darüber schütten, daß es eben mit einander einkocht.

Amaranthes macht delikate Andeutungen zu der Wirkkraft der Pflanze: „*Cinara* ist ein bekannter Garten-Gewächs. (…) Delicate Mäuler machen sich viel draus, und halten selbige für eine angenehme und gesunde Speise. Sonst schreibet man ihr diese Krafft zu, daß sie Venerem stimuliren."

Bei Hofe auf Schloss Karlsberg in Homburg wurde von solch kostbarem Porzellan gespeist. Frankenthaler Teller aus dem Hofservice von Herzog Christian IV. von Pfalz-Zweibrücken, um 1770.

Tipp: Artischocken bereitet man vor, indem die unteren harten Blätter, der Stiel sowie die Spitze abgeschnitten werden. Danach etwa 15 Minuten kochen, dann lässt sich aus dem lauwarmen Gemüse das strohige Innere herausnehmen, dann den „Knöpfel-Teig" hineinfüllen und eine Zitronenscheibe oben darauflegen, anschließend in einem möglichst kleinen Topf fertig garen. Das Gericht sieht nicht nur sehr hübsch aus, es ist auch ausgesprochen schmackhaft.

6 Artischocken
1/2 Liter Fleischbrühe

Für die Füllung
die weichen Blätter von
 2 Artischocken oder
 8 mittelgroße Champignons
Mark (stattdessen 100 g Speck)
8 Esslöffel geröstete Semmelbrösel
1 Esslöffel Butter
Ingwer
Salz
Muskatnuss
1–2 Eier
evtl. 1 Esslöffel Rahm

Ein gefüllt Weiß Kraut zu machen

1 Kopf Weißkraut oder Wirsing
500 g Rinderhack
150 g gewürfelten Speck
1 Zwiebel
1 kleines Dinkelbrötchen
1/8 Liter Milch
3 Eier
Butter
Pfeffer
Salz

Garzeit zirka 1 Stunde.

Für die Soße
1/4 Liter Fleischbrühe (oder halb Brühe, halb Wein)
1/4 Liter süße Sahne
Pfeffer
Salz
Muskatblüte
Majoran

Man nimmt ein oder 2. kleine köpf weißkraut, butzet sie sauber, und sticht die Turschen in der mitt heraus, und brüht es in wasser ab, aber nicht zu weich, kühlet es ab mit kalt wasser und legt es auf ein brett, die blätter auseinander, nachgehens nimmt ein Pfund oder 5. virtel kalt abgekocht Rindfleisch, nach dem der Kopf groß oder klein ist, vier Loth Speck, eine gantze zwiebel, diese 3. Stück jedes apart gehackt, dann nimmt man vor einem Kreitzer lick weck, mit sammt der Krust, weicht ihn in milch, oder in süßem Rahm, drückt es aus der Milch, doch nicht gar hart, hernach nimmt man 5. biß 6. gantze Eyer, rührt es unter den Weck, und läßt es stehen, alsdann thut man ein gut stück frische oder gesottenen Butter, in eine Eisern Pfann, den Speck und Zwiebel dazu, und fleisch, läßt es eine kleine weile rösten, hernach nimmt man von dem abgebrühten Kraut, das hertz, und etliche Blätter darunter, alß dann den eingeweichten weck darunter ein wenig Pfeffer und Saltz, Musgadenblüth, oder nuß, grünen oder dürren Mayron dazu, dieses miteinander geröstet, wie ein kalbsbrustfüllsel, hernach nimmt man das füllsel, füllet es zwischen die Blätter, unten und oben darum, und mit bindfaden zugebunden, in eine eiserne Pfann oder hafen mit halb fleischbrüh und wasser gethan, zugedeckt und eine Stund kochen lassen, man muß ihn auch einmal umwenden, alßdann thut man den Krautkopf in eine schüssel, nimmt ein Stück frischen Butter, knötet ihn in mehl, thut ihn in die brüh, wo der kraut kopf war, und ein 2. biß drey löffel voll süßen Rahm dazu, laßt es aufkochen und richtets über den kraut kopf an so ist er fertig.

Fayenceterrine in Form eines Krautkopfes, Eckernförde, um 1770.

Obst und Gemüse

Eine gute faste Speis zu machen

Man nimmt Weis-Brod, weicht solches ein in Milch, daß es nicht zu naß wird, thut es in eine Schüssel, rührt etliche Eyer darunter, wie auch ein wenig Salz, ein wenig Muscatenbluth, und ein wenig rein geschnittenen Peterling, wie auch etwas wohl gekochten spinat. Dieses rührt man wohl durcheinander, bindet es in ein sauber Tuch, und kocht es ab in Wasser. Hernach schneidet man es in Schnitten, legt solche in eine Platte, und macht eine dünn Butter-Brühe darüber.

Spinat gab es zu fast allen Jahreszeiten: „Spinat, Spinachia, Epinard (…) wird zu dem Ende in denen Küchen gar sehr beliebet, weil es fast das gantze Jahr zu haben und zu essen taugt."

Teller aus der Zweibrücker Porzellanmanufaktur mit einfachem blauem Blumendekor, um 1768.

4 Brötchen
$1/8$ Liter Milch
4 Eier
Salz
Muskatblüte
1 Esslöffel gehackte Petersilie
300 g frischer Spinat
geschmolzene Butter

Die Garzeit beträgt zirka 45 Minuten.

Tipp: Eine Knoblauchzehe und eine klein geschnittene Zwiebel dazu tun und zur Buttersoße noch geriebenen Käse reichen. Wer keinen ausreichend großen Topf hat, kann die Masse in eine feuerfeste Form füllen, zirka 30 Minuten im Ofen backen, dann in Scheiben schneiden und kurz in Butter braten.

Obst und Gemüse

Gebäck, Kuchen und Süßspeisen

Für Delikatessen hat Amaranthes eine ganz besondere Definition, wenn wir auch nicht wissen, ob er nur Süßspeisen oder auch andere Leckereien gemeint hat:

„Lecker-Bisslein/oder/ Delicatessen, Heissen diejenigen kostbaren raren und schmackhafften Speisen, so auf eine besondere Art in denen Küchen zugerichtet werden, und welche das Weib mit ihrem Manne vor sich alleine zu verzehren pfleget."

„Teig, Ist das Fundament alles Gebackens, wird aus schönen Weitzen-Mehl, Eyern, Butter, mit Wasser gekneten, ausgetrieben, und zu Tarten, Kräpffgen etc. gebrauchet."

„Mehl, Farina, Farine, ist klein und klar gemahlnes, und von den Kleien gesaubertes Korn oder Waitzen, deren sich die Köche an unterschiedliche Essen, sonderlich Gebackenes, Pasteten, Torten etc. zu bedienen wissen, doch wird gemeiglich nur Waitzen Mehl darzu genommen."

„Tarte Scriblita (Popanum) Tarto, ist ein gewisses Gebackenes, so aus einem guten Butter-Teig in einer darzugehörigen Pfanne formiret, worein eine sonderliche Fülle von allerhand rohen oder eingemachten Früchten etc. geschlagen und selbige hernach in Backofen gebacken wird, welche, wenn sie warm gegessen werden, am delicatesten sind."

Mandel-Muschlen

500 g Zucker
500 g gemahlene Mandeln
30 g Zimt
6 Eiweiß

Bei 175 °C etwa
20 Minuten backen.

Nimm 1 Pfund Zucker, wohl gestoßen 1 Pfund Mandlen, sauber abgewischt und mit der Schale rein zerstoßen, ferner 2 Loth Zimmet, wie auch 6 Eyerweiß, zu Schaum geschlagen, thue obiges hinein und rühre es wohl durcheinander denn jemehr man den Teig verarbeitet, desto schöner werden die Muschlen, wälze den Teig statt in Mehl, in Zucker herum, bestreue auch die Formen mit gestäubtem Zucker, und trücke den Teig hinein. Thue sie aus den Förmger auf Blech oder Papier, so mit Butter beschmieret, und backe sie nach dem Brod.

Zucker hält Amaranthes für völlig unentbehrlich: „*Zucker Saccharum, Sucre, wird aus einem gewissen Rohr, so in Indien und andern Ländern mehr wächset, gepresset, der heraus gepreßte Safft gesotten und raffiniret: auch gewisse Sorten davon canthisiret. Es ist aber der Zucker nicht nur in der Apotheke, sondern auch in der Küche ein nöthiges Stück: Denn, wie wolte ein Koch seine Essen angenehm, lieblich, süße und piquant machen, wenn er den Zucker nicht hätte?*"

Der beste Zimt kommt auch heute noch aus Ceylon, wo der bis zu 10 Meter hohe Echte Zimtbaum fast ausschließlich gedeiht.

Zimmet-Kränze

Nimm 1/4 Pfund rein gestoßenen Zucker, auch 1/4 Pfund rein gestoße Mandlen, 1/2 Loth gestoßenen Zimmet, 4 gestoßene Näglein, und ein wenig gestoßene Muscatnuß. Dieses alles thut man in eine Schüssel mit ein wenig verklopftem Eyerklar wird es angeruhret, daß es eben zusammen hebt, und ja nicht zu naß wird.

Zum vielseitig verwendeten Zimt meint Amaranthes: „*Cinnamomum, Canelle, ist eins von den allerbesten gewürtzen, so zu uns aus Ost-Indien gebracht wird. (…) Sonst ist der Caneel dem Geruch und Geschmack nach nicht nur lieblich und durchdringend, sondern er stärcket auch die führnehmsten Theile des Leibes…*"

125 g Zucker
125 g abgezogene, gemahlene Mandeln
10 g Zimt
Muskatnuss
1 Messerspitze Nelkenpulver
2 Eiweiß

Bei 175 °C etwa
20 Minuten backen.

Gebäck, Kuchen und Süßspeisen

Obwohl der hohe Zuckergehalt von Rüben bereits entdeckt war, war im 18. Jahrhundert ausschließlich der Rohrzucker gebräuchlich, der zu kegelförmigen „Zuckerhüten" gepresst in den Handel kam.

Wein-Gebackenes

Man nimt 1 Pf. Butter 1 Pf. Mehl 6 Löffel voll Zucker, 6 Löffel voll Wein, 6 Eyerdotter, mischet alles zusammen und würket es auf einem Brett, wie einen Pasteten teig, drücket es hernach in Formen, setzet es auf ein Blech, bestreicht es mit Eyerweiß, streuet ein wenig Zucker und Zimmet darauf und backet es im Offen, das Blech wird nicht geschmiert, auch nicht bestreut.

500 g Mehl
500 g Butter
6 Esslöffel Zucker
6 Esslöffel trockener Weißwein
6 Eigelb
1 Tasse Zucker
2 Teelöffel Zimt

Bei 175 °C etwa 10 Minuten backen.

Geduld Taflein

Nim 6 Loth schön Weismehl 20 Loth rein gestoßenen Canarien Zucker, die Schalen von 2 Citronen rein abgerieben. Dieses alles vermenge wohl mit einander. Nimm alsdenn 12 Eyerweiß und rühre es damit an. Hernach schmiere ein Blech mit Wachs nimm einen Trechtertropfe von dem Teig auf die Bleche, u. backe sie im Backofen biß sie schön gelb werden.

100 g Weizenmehl
350 g Zucker
abgeriebene Schalen von zwei Zitronen
12 Eiweiß

Bei 175 °C etwa 20 Minuten backen.

Tipp: Statt Bienenwachs Backpapier nehmen.

Gebäck, Kuchen und Süßspeisen

Mandlen zu rösten

Nimm 1/2 Pfund Mandlen schäle sie und schneide sie länglich, stoße alsdenn ein viertel Zucker thue einer Haßelnuß groß Butter in eine Pfanne und thue die Mandlen und Zucker miteinander darein, röste sie braun gelb. Alsdenn drücke sie in Formen oder brich sie mit einem Löfel heraus, man kan auch Citronenschalen dazuthun.

250 g geschälte Mandeln
125 g Zucker
1 Esslöffel Butter
Zitrone nach Geschmack

Sie sehen nicht so perfekt aus wie die vom Jahrmarkt, schmecken dafür aber wesentlich besser, die selbst gerösteten Mandeln.

Tipp: Die Zubereitung lohnt, die gebrannten Mandeln schmecken selbst gemacht tatsächlich viel besser als auf dem Weihnachtsmarkt!

Marzepan zu machen

Nimm zu einem Pfund Mandeln ein Pfund Zucker, die Mandeln müßen so rein gestoßen werden daß man keine Stücker mehr darin findet, im stoßen ein wenig rosenwasser darzu gethan, hernach müssen die Mandeln und Zucker wohl untereinander gerührt werden, dann nimm obladen, geschnitten wie man will und von dem Mandelteich darauf geschmieret und über nacht so stehen lassen des morgens muß man die Marzepan in einer Tartenpfann backen lassen, dann nimm Zucker und rosenwasser mache einen guß daraus, und schmiere denselben auf die Marzepan, alsdann wieder in der Tartenpfann ein wenig oben backen lassen, man muß Papier in die Pann legen, sonst backen sie an.

Für den Teig
500 g Mandeln
500 g Zucker
2 Esslöffel Rosenwasser
Backoblaten

Für den Guss
50 g Puderzucker
Rosenwasser

Bei 150 °C circa 20 Minuten backen.

Gebäck, Kuchen und Süßspeisen

Macronen Tärtlein

Nimm 174 Pfund Mandlen, schäle und stoße sie mit Rosen-Wasser, lege sie auf ein Papier, trockne sie im Ofen, oder in einer Tartenpfanne, daß sie schön weiß bleiben. Alsdenn stoße sie wieder, nimm ein Vierling rein gestoßenen Zucker dazu, wie auch 3 Eyerklar, welche zuvor zu einem rechten Schaum geschlagen sind, mache einen guten Spanischen Teig, wilgere ihn dünn mache kleine Tärtlein daraus, fülle sie mit obgemelten Sachen, schneide schmale Riemlein und lege sie darüber, alsdenn backe sie.

125 g geriebene Mandeln
1 Esslöffel Rosenwasser
125 g Zucker
3 Eiweiß

Für den Teig
500 g Mehl
30 g Hefe
¼ Liter lauwarme Milch
100 g Zucker
abgeriebene Schale einer halben Zitrone
1 Prise Salz
100 g Butter

Bei 175 °C etwa 30 Minuten backen.

Mandeln, ohne die kaum eine barocke Süßigkeit auskam, blühten im 18. Jahrhundert in Deutschland vor allem an Main und Rhein.

Macronen zu machen

Nimm zu einem Pfund Mandlen, ein Pfund zucker, die Mandeln müssen hübsch getrocknet werden, ehe man sie stoßet, im stoßen werden sie mit rosenwasser angefeucht, und der zucker muß durch ein Siebgen rein gemacht werden, Nimm von vier Eyern das weise, braf geklopft biß sie stehen bleiben, und dann rühre zucker, und Mandeln gestoßen wohl untereinander, dazu gethan, wieder gerührt, das gelb vom Ey muß auch dazu gethan werden, hernach gebacken.

500 g gemahlene Mandeln
500 g Zucker
1 Eßlöffel Rosenwasser
2–3 Tropfen Bittermandelaroma
4 Eigelb
4 steif geschlagene Eiweiß

Tipp: Wenn der Teig zu flüssig ist, im Kühlschrank fest werden lassen.
40 Minuten bei 150 °C backen, dann wenn nötig etwas heißer, damit die Makronen zart hellbraun werden.

Gebäck, Kuchen und Süßspeisen

Schwaben Küchlein

125 g Zucker
60 g Butter
125 g geriebene Mandeln
abgeriebene Schale einer Zitrone
2 Eier

Bei 175 °C etwa 20 Minuten backen.

Nimm ein virtel Pfund gestoßenen Zucker, ein halb virtel frische Butter, ein virtel Pfund Mandeln und mit Zucker gestoßen, die Schehl von einer Zitron kleingeschnitten, dieses alles auf einem Brett zusammen gewirket, auch ein oder 2. Eyer darein, alsdann ein fingersdick gewelgert, in runden oder vier Eckigte stücker geschnitten im Ofen oder Tartenpfann gebacken.

Die unentbehrliche „Tartenpfann" beschreibt Amaranthes wie folgt: „*Torten-Pfanne Ist ein flaches von Kupffer getriebenes Pfännlein, worinnen die Torten gebacken und zubereitet werden. Man findet auch in denen großen Küchen Torten-Pfannen, so hoch und mit einem Blech und Deckel versehen sind, in welchen man, wie in einem Ofen backen kan.*"

Einen prunkvollen Bügel mit dem Namen seiner Besitzerin hat diese Teigrolle aus dem Jahr 1734.

Mandel-Knöpflein

125 g gemahlene Mandeln
100 g Zucker
Schale einer halben Zitrone
Zimt
2 Eier
2 Eigelb

Für den Teig
200 g Mehl
100 g Butter
1 Ei
1 Vanillezucker

Bei 175 °C etwa 30 Minuten backen.

Nimm ein halb viertel mit Wasser gestoßene Mandeln, 6 Loth fein gestoßenen Zucker, die Schale von einer halben Zitron klein geschnitten und etwas Zimmet, rühre 2 Eyer ganz und von 2 anderen das gelbe darzu. Diß alles zusamen eine Stunde auf einen Weeg gerührt, mach einen guten zarten Teig, wilgere ihn so dünn, als du kanst, mache runde Küchlein mit einem Glas daraus, fülle von dem obigen Fülsel, welches beständig muß fort gerühret werden, die eine Helfte, die andere Helfte schlägt man oben über, bestreicht sie mit Eyerklar und bestreuet sie mit Zucker, hernach backet man sie im Backofen oder Tarten-pfanne. Die Hitze darf nicht stark seyn.

Gebäck, Kuchen und Süßspeisen

Mandel Körpfflein

Man nimmt weißmehl ein Paar gute löffel voll, 5. Eyer, und die Eyer in einem häflein geschlagen, biß sie gantz zum schaum werden, alsdann das mehl mit den geschlagnen Eyern angerührt, und ehe der Teich die rechte dickung hat, muß ein halb Pfund mit rosenwasser fein gestoßene Mandeln in den Teich gewirckt werden, als denn den Teich ausgewelgert einen fingers dick, wann er nun ausgebreitet, nimm Zucker, Zimmet, und geriebenes mürbes Weckmehl, die 3 untereinander gemischt, den Teich in Stücker geschnitten, und darin gewelgert, und in Butter gebacken.

| 4 Esslöffel Mehl
| 5 Eier
| 250 g gemahlene Mandeln
| 1 Esslöffel Rosenwasser
| 2 Esslöffel Semmelbrösel
| 3 Esslöffel Zucker
| 1 Teelöffel Zimt

Aus dem Mandelteig lassen sich auch dekorative Plätzchen ausstechen.

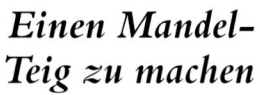

Einen Mandel-Teig zu machen

Nim ein virtel Pfund Zucker, 1 1/4 Pfund Weis-Mehl 1/4 Pfund Mandlen 1/4 Pfund recht frischen Butter, die Mandlen u. Zucker müssen fein gestoßen werden. Dieses alles mit 2 Eyern angemacht: so kan man daran thun was man will.

| 125 g feiner Zucker
| 500 g Mehl
| 125 g gemahlene Mandeln
| 125 g Butter
| 2 Eier

Tipp: Wenn man den Mandelteig mit den Mandel-Körpfflein füllt, ergibt das ein vorzügliches Teegebäck.

Mit alten Waffeleisen lassen sich heute noch sehr schöne Waffeln backen.

Zimmet Waflen

Nim 1/4 Pfund Zucker 1/4 Pfund frischen Butter den Zucker rein gestoßen, 1/2 Vierling Mandeln mit Rosen-Wasser gestoßen, und 1/2 Pfund Zimmet auch rein gestoßen. Dieß alles rühre untereinander. Nimm Mehl nach gutdünken, auch ein ganz Ey und einen Dotter. Dieses alles wird auf einem Brett gewürket, hernach einer Baumnuß groß Küchlein daraus gemacht und im Waffel-Eisen gebacken.

250 g Mehl
125 g Zucker
125 g Butter
250 g geriebene Mandeln
1 Esslöffel Rosenwasser
40 g Zimt
1 Ei
1 Eigelb

Mandel Hippen zu machen

Nimm ein Pfund fein Mehl, ein Pfund Zucker, und ein halb Pfund rein gestoßene Mandeln, und 4 Loth rein gestoßenen Zimmet, und ein halb Pfund frische butter, und 4. Eyer, dieses alles untereinander gemacht, mit milch verdünnt, daß es ist wie ein Pfannkuchen teich, und dann gebacken.

125 g Butter
250 g Zucker
250 g Mehl
1000 g Mandeln
20 g Zimt
250 g Mehl
2 Eier
zirka 1/4 Liter Milch

Tipp: Butter, Zucker und Eier schaumig rühren. Hippen oder Hülben sind glatte Waffeln ohne Struktur, die in einem Hippeneisen gebacken werden. Sie werden noch heiß in Form gebracht, zum Beispiel als Hörnchen oder zu „Hohlhippen" gerollt.

Hübsche Muster haben die mit dem alten Eisen gemachten, dunklen Zimtwaffeln.

Gebäck, Kuchen und Süßspeisen

Basler-Küchlein

500 g abgezogene, gemahlene Mandeln
8 Eier
500 g Zucker
2 Esslöffel Rosenwasser
1 Teelöffel Zimt
Mehl
Butterschmalz zum Ausbacken

Bei 175 °C etwa 20 Minuten backen.

Tipp: Goldgelb in der Pfanne ausgebacken eignen sich die Küchlein sehr gut als Weihnachtsgebäck.

Nimm 1 Pfund Mandlen, schäle und stoße sie, rühre sie in einer Schüssel mit 8 Eyern, thue dazu 1 Pfund gestoßenen Zucker, Rosen-Wasser und Zimet nach Belieben, laßt 1/2 Pfund frischen Butter zergehen; Wenn dieses untereinander, so rühre Weißmehl darein, biß es sich auf einm Bret würcken läßt. Mache Würflein daraus, nicht gar eines Fingers lang und dick, und backe sie ganz langsam im Ancken oder Butter.

Gute Hirschhörner zu backen

500 g Mehl
250 g Zucker
1/4 zerlassene Butter
4 Eier
1 Esslöffel Rosenwasser
abgeriebene Schale einer Zitrone
1 Prise Nelken und Zimt

Bei 175 °C etwa 20 Minuten backen.

Nimm 1 Pfund schön Weißmehl, darunter vermenge 1/2 Pfund rein gestoßenen Zucker; rühre dieses in einer Schüssel ein, mit einem halben viertel frischen Butter, welcher nur zerlassen wird. Thue auch 4 frische Eyer wohl zerklopft dazu, auch Rosenwasser, Citronenschal, Näglein und Zimmet; Als denn schafe den Teig wohl durcheinander und formiere ihn wie du wilt. Backe ihn in Butter immer auf den Kohlen, daß sie schön braun werden.

Ob die barocken „Hirschhörner" wirklich wie „Vanillekipferl" ausgesehen haben? Wir wissen es nicht.

Gebäck, Kuchen und Süßspeisen

Strauben zu backen

Zu 5 großen Strauben, nimm 1 Mesgen Weis-Mehl, 1/2 Schoppen Milch 1/2 Schoppen Wasser ein Vierling Butter. Dieses zusammen in eine Pfanne gethan, und sieden lassen, das Mehl damit angebrühet und wohl verarbeitet, daß keine Klötzlein mehr darein sind, schlage 12 Eyer eines nach dem andern hinein, klopfe den Teig wohl, und thue 2 Löffel voll Brantewein dazu, u. verarbeite den Teig noch mehr, alsdenn backe sie in Butter.

250 g Weizenmehl
ca. 1/4 Liter süße Sahne
1/4 Liter Wasser
250 g Butter
125 g Zucker
2 Esslöffel Kirschwasser
6 Eier

Der ovale Gläserkühler aus der Zweibrücker Porzellanmanufaktur ließe sich dekorativ für die Strauben zweckentfremden. Um 1769 gefertigt.

Mandel-Sträublin zu backen

Nimm 1/2 Pfund schön weis Mehl, brühe es mit siedender Milch an, so trocken du kanst, doch daß das Mehl ganz genetzt wird. Darauf stoße ein halb Pfund Mandlen ganz fein, mache sie naß mit Rosen-Wasser, thue 1/4 Pfund gestoßenen Zucker zu dem Teig, rühre hernach die Mandlen darunter, wie auch noch 2 biß 3 Löfel voll Rosen-Wasser. Hernach mache es vollends mit Eyern dünn, biß es dir durch den Trechter läuft, ein halb Pfund gibt 8 oder 9 Sträublein.

Tipp: Bei beiden Varianten den flüssigen Teig in einen unten zugehaltenen Trichter geben und dann in eine Pfanne mit sehr viel Fett, am besten frisches Erdnussöl, in verschiedenen Mustern laufen lassen und goldbraun backen. Abgekühlt schmecken sie sehr gut zu Tee oder Kaffee aber auch zu Glühwein und sind ein Gericht, das es bis heute nahezu unverändert gibt.

250 g Weizenmehl
20 ml Milch
250 g geschälte, geriebene Mandeln
Rosenwasser
125 g Zucker
je nachdem 3–4 Eier

106 *Gebäck, Kuchen und Süßspeisen*

Mandel Herzger

Nim 1 Pfund rein gestoßene Mandlen, 1/2 Pfund gesiebten Zucker und 16 Eyerdotter rühre solches in einer Schüssel wohl durcheinander. Das weise vom Ey muß aber mit einem Beßlein zu Schaum geschlagen werden. Rühre es alsdenn auch unter das vorrige, thue den Teig sogleich in wohl geschmierte Formen und backe sie im Ofen.

100 g abgezogene, gemahlene Mandeln
4 Eier
¼ Liter süße Sahne
2 gehäufte Esslöffel Zucker

Bei 160 °C etwa 20 Minuten backen.

Tipp: Pro Person höchstens 1 Ei, das Gericht lässt sich auch zubreiten, wenn die Gäste schon da sind. Dazu passt die Kirschsoße von Rezept Seite 111, oder man gibt abgeriebene Zitronenschale in den Teig und eine kräftigen Schuss Orangenlikör über die fertige Speise.

Zitronen wurden in der barocken Küche gerne verwendet, da sie den Speisen einen frischen Geschmack gaben.

Citrone

Tipp: Creme in Förmchen füllen, darauf dick den Zucker streuen und goldbraun gratinieren. Die Zitronenschale ergibt einen besonders pikanten Geschmack.

Greine Brule

2 Löffel voll Weißmehl, 6 Eyer, das gelbe mit dem Mehl verrühret, das weise zu Schaum geschlagen. Ferner 1/2 Maaß süsen Rahm, Zucker, so viel man will. Reibe von einer Citron oder Pomeranz die Schale, Rühre es auf dem Feuer biß zum Sutt. Richte es an in eine Platte, und reibe ein Messerückes dick Zucker darauf und brenne es mit einer heisen Schaufel.

4 Eier
1 gehäufter Esslöffel Weizenmehl
geriebene Schale von einer halben Zitrone
¼ Liter süße Sahne
Zucker

Unter dem vorgeheizten Grill 10–15 Minuten bei 270 °C backen.

Gebäck, Kuchen und Süßspeisen

Einen Schnee zu machen aus Mandelmilch

Nimm geschälte Mandeln und stoße sie ganz rein, thue guten süßen Rahm dazu Canarien-Zucker und Eyer klar, mache es mit einander zu Schnee mit einem weisen Beßlein geschlagen, rühre es in einer Schüssel an, stells eilends auf den Tisch, so ist es fertig.

150 g abgezogene, gemahlene Mandeln
3 Eiweiß
20 ml süße Sahne
2 gehäufte Esslöffel Zucker

Mandelmilch auf Wasser- und nicht wie hier auf Rahmbasis war ein Grundrezept, das zu allen möglichen Gerichten verwendet wurde. Die Mandelmilch besteht aus der Flüssigkeit, die beim Zerstoßen von Mandeln im Mörser entsteht und mit Wasser oder Wein verlängert wird. Dabei wird die Masse durch ein Tuch abgeseiht.

Die trockene Massa zur Mandelmilch zu machen

Nimm 8 Loth süße und 2 Loth bittere Mandeln, siede sie, daß die Schalen können loß gemacht werden, als denn wasche sie mit frischem Wasser, daß sie weiß bleiben. Stoße sie hernach mit Rosen- und Orangenwasser so rein, und verarbeite sie so, biß du glaubst, daß es genug seye. So nimm ferner 20 Loth Canarien-Zucker, welcher mit obigen Mandeln wieder wohl verarbeitet wird biß es zur rechten Consistenz komme.

Mandelmilch zu stopffen

Mann muß eine Krust brod rösten, und in einen Schoppen wasser werffen, und das Brod mit dem wasser ein wenig sieden lassen, und dann die gestoßenen Mandeln dazu gethan und durchdrücken, man nimmt ein virtel mandeln zum Schoppen wasser.
Eine Mandelmilch zu laxiren thut man kein geröstet brod dran, sondern ein virtel kleine rosinen und etwas Feylsaft.

Auf der kleinen Untertasse aus Meissener Porzellan ließ sich der Mandelschnee „gar zierlich" servieren. 18. Jahrhundert.

108 *Gebäck, Kuchen und Süßspeisen*

Oster-Fladen

500 g Eyer Käß
  (s. Rezept S. 85,
  besser Magerquark)
150 g gehackte Mandeln
4 Esslöffel Rosinen
4 Esslöffel Sultaninen
2 Esslöffel süße Sahne
3 Esslöffel Zucker
2 Esslöffel Rosenwasser
3 Eier

1 Pfund Eyer-Käß oder Ziegerle, wohl ausgedruckt 1 Pfund grobgestoßene Mandeln. 1 Pfund kleine und grose Rosienen, 1 Schoppen süsen Rahm und nach belieben Zucker 3 Löffel voll Rosen-Wasser und 12 Eyer mit dem Gelben durcheinander gerührt, das weise zu einem Schaum geschlagen. Man kan auch 1/4 Pfund Butter dazu thun.

Tipp: Die im Original angegebenen Mengen mögen früher nach wochenlangem Fasten als Festtagsspeise geeignet gewesen sein, sind aber heute zu kompakt. Wir haben deshalb die Mengenangaben reduziert, ohne dafür aber an Wohlgeschmack einzubüßen.

Für Konfekt, nicht für die eher deftigen „Nonnenförtz", war dieses Schälchen aus Zweibrücker Porzellan gedacht. Um 1770.

Nonnen förtz zu machen

250–300 g Mehl
1/4 Liter Milch
1/8 Liter Rosenwasser
evtl. 150 g Zucker
4 Eier
Butterschmalz

Nimm ein halb Pfund mehl, einen halben schoppen Milch, ein virtel schoppen rosenwasser, laß es sieden, rühre mehl hinein biß es trocken ist; immer über dem Feuer, thue es in eine Schüßel, schlage 4. Eyer darein, bis es recht ist, wie ein dicker teich, dann wie ein Nuß groß in das heiße fett gethan, lasse es backen nicht zu schnell und wohl getreifft.

Der kuriose Name kommt angeblich vom Zischen, das entsteht, wenn die Teigknödel in das heiße Fett gelegt werden. Die „Nonnenfürtzle" sind heute noch im Oberschwäbischen eine Fastenspeise.

Gebäck, Kuchen und Süßspeisen

Schnecken-Nudln

Mache einen ordentlichen Dampf-Nudel-Teig, der ein wenig steif ist. Nimm davon auf ein Brett, wälgere einen Kuchen daraus eines kleinen Fingers dick, bestreiche ihn mit zerlassenem Butter, alsdenn radle solchen zu Riemlein, und rolle solchen ganz gelind zusammen, setze sie weitläuftig in eine mit Butter wohl geschmierte Tartenpfanne, und lasse sie heben. Hernach backe sie oben und unten schön gelb. Wenn sie aber oben zu trocken werden; so bestreiche sie mit Butter.

Für den Hefeteig
500 g weißes Mehl
50 g Zucker
30 g Hefe
¼ Liter lauwarme Milch
50 g Butter
1 Ei
geriebene Zitronenschale
zerlassene Butter zum
 Bestreichen

Bei 200 °C zirka
45 Minuten backen.

Sein und Schein: der Fisch mit dem süßen Innenleben.

Gute gebackne Fisch

Nimm ein virtel Mandeln, stoße sie mit rosenwasser, nimm die brosamen von weißbrod, und röste sie in schmeltzbutter, daß sie hart aber doch weiß bleiben, thue Zucker und Zimmet nach belieben, wie auch kleine rosinen, welche gewaschen, aber wieder wohl ausgedruckt seyn, mache dieses alles untereinander, und fülle es in Spanischen teich, und formire Fisch daraus schmire sie und backe sie.

Für die Füllung
125 g gemahlene Mandeln
Rosenwasser
6 Esslöffel Semmelbrösel
100 g Butter
2 Esslöffel Zucker
½ Teelöffel Zimt
2 Esslöffel Rosinen

Statt des Brotteigs
200 g Mehl
50 g Zucker
100 g Butter
1 Ei

Bei 175 °C 1 Stunde backen.

Tipp: Mit Eigelb bestrichen, sieht der Fisch besonders nett aus. Warm mit einer Vanillesoße und Kompott dazu als süßes Hauptgericht geeignet, sonst als Nachtisch für etwa 8 Personen.

Gebäck, Kuchen und Süßspeisen

Einen Kayser Kuchen zu machen

Man weicht vor ein Xr. Weck ein in Milch, wenn er geweicht ist, so drücke ihn wieder fast aus. Hernach nimm ein Pf. Mandlen, und stoße sie, rühre mit 6 Eyern wohl unter den Weck, thue ein wenig kleine Rosinen, Zucker und ein wenig Citronenschal darunter, und rühre es wohl an. Alsdenn nimm eine Caserole, oder dicke Pfanne, thue Butter hinein, und laß ihn heiß werden. Hernach thue es hinein, und thue oben auf den Deckel und unten hin Kohlen, und laß es langsam gelb backen.

Man macht die Sose darüber also: setze ein wenig Wein und Wasser bey das Feuer, thue 1/2 viertel kleine und 1/2 viertel grose Rosinen hinein. Hierauf roste ein wenig Mehl ganz braun, u. thue es zu den Rosienen, u. laß es kochen. Man thut auch noch Zimmet ein wenig hinein. Man kan auch Amarellen oder schwarze Kirschen zerstoßen u. diese Sose davon machen, welche noch schöner wird, als die vorige Art. Wenn der Kuchen schon gelb gebacken, so thue ihn auf eine Platte u. besteckt ihn mit schmal geschnittenen geschälten Mandlen, schütte die Sose darüber und laßt es eine halbe Stunde auf einer Kohlpfanne mit einander kochen.

Für den Teig
200 g Hefezopf, Brioche o. ä. vom Vortag
1/8 Liter Milch
250 g Mandeln
3 Eier
1 Esslöffel Rosinen
3 Esslöffel Zucker
abgeriebene Zitronenschale
2 Esslöffel Butter
3 Esslöffel Mandelstifte

In einer Auflaufform aus Glas oder Keramik bei 200 °C 50 bis 60 Minuten backen, wenn nötig, Oberseite mit Pergamentpapier abdecken.

Für die Weinsoße
1/4 Liter Weißwein
1/8 Liter Wasser
50 g Rosinen
50 g Sultaninen
1 Messerspitze Zimt

250 g pürierte Kirschen
Mandelstifte

Tipp: Die Eier trennen und den steifen Eischnee unter die Brötchen-Mandel-Eigelbmasse ziehen. An der Soße das Mehl weglassen und Obst je nach Saison dazutun. Kann heiß, lauwarm oder kalt gereicht werden und erinnert an den altenglisch Bread-and-Butter-Pudding, nur dass hier das Fett aus den Nüssen kommt.

Wenn die Kirschen so schön reif sind, schmeckt die Soße besonders gut.

Gebäck, Kuchen und Süßspeisen

Ein Kirschen-Tart

Nimm 3 Pfund Kirschen 1/2 Pfund Zucker, laße sie damit kochen, als denn schütte die Kirsche heraus, und laß den übrigen Saft noch kochen. Hernach mache einen guten spannischen Teig, thue ihn in eine Tarten-Pfanne; auf den Boden von den Teig thue Zuckerbrod und gestoßene Mandlen. Thue hernach die Kirschen darauf, wie auch ein wenig Zimmet und Citronat, mache entweder schmale Riemlein oben darüber, oder einen ausgeschnittenen Deckel, und laße sie backen. Wenn sie ausgebacken, so schütte den übrigen Kirschensaft auch noch hinein. Auf eben diese Art macht man die Johannis Beeren, Mirabellen, Grußlen und Himbeeren-Tarten. Butter muß wohl heiß seyn, wenn du sie backest, du must auch ein wenig Salz ins Mehl thun.

Amaranthes meint: „Zucker-Brod oder Biscuit zu backen. Nehmet schön gestoßen Zucker 1. Pfund, Krafftmehl 12. Loth, Waitzen-Mehl 14. Loth, zerschlaget so viel frische Eyer, so viel hierzu vonnöthen, mit Wein wohl, mischet das Mehl wohl unter einander, und machet einen Teig daraus, nehmet zur Hand eine papierne Capsul, schmieret sie wohl mit Butter, und thut den Teig hinein, setzet denn solche Capsul in die Torten-Pfanne, und gebet ihnen unten und oben sein gehöriges Feuer."

1 kg Sauerkirschen
150 g Zucker
6 Löffelbiskuit
1 Esslöffel Zitronat
100 g gehackte Mandeln

Statt des Brotteigs
125 g Mehl
125 g Mandeln
1 Esslöffel Rosenwasser
100 g Zucker
150 g Butter
1 Messerspitze gemahlene Nelken
1/2 Teelöffel Zimt
Muskatblüte
1 Ei
1 Messerspitze Kardamom
1 Messerspitze Salz

Bei 175 °C zirka 45 Minuten backen.

Freuden und Gefahren des Kirschenpflückens bei Hieronymus Bock.

Rahm Tart

Das gelbe von einem Ey thue in eine Schüssel rühre einen Löffel voll Weißmehl darunter, das dickste von einem Becher voll Milch, so über nacht gestanden hebe ab, und thue es samt einer guten Handvoll Zucker, ein wenig Rosenwasser, einem Stücklein frischen Butter in ein irden Pfängen, und rühre es biß es anfangt zu kochen. Solte es aber noch zu dünn seyn, so rühre etliche Eyerdotter dazu, biß es wird, daß man es in eine Tart füllen kan; dann laß es kalt werden, mache von Spanischem Teig einen dünnen Boden in eine Tarten Pfanne, fülle den Teig damit, streue klein geschnittene Citronen-Schale darauf, mache von Spannischem Teig schmal geschnittene Riemlein, bestreiche sie mit geklopften Eyern, und back ganz langsam.

Amaranthes weiß zu „Tart" und „Tartenpfann" folgendes: „*Tarte, Scriblita (Popanum) Tarto, ist ein gewisses Gebackenes, so aus einem guten Butter-Teig in einer darzugehörigen Pfanne formiret, worein eine sonderliche Fülle von allerhand rohen oder eingemachten Früchten etc. geschlagen und selbige hernach in Backofen gebacken wird, welche, wenn sie warm gegessen werden, am delicatesten sind.*"

Tipp: Am besten noch lauwarm essen; erinnert etwas an Pfälzer Rahmkuchen, bekommt aber durch das Rosenwasser eine sehr barocke Note.

Die „Kuhmelkerin" ist wohl aus Zweibrücker Porzellan hergestellt. Solche ländlichen Genreszenen erfreuten sich zu Elisabethas Zeiten großer Beliebtheit.

<u>Füllung</u>
200 ml Sahne
2 Eigelb
2 Esslöffel Zucker
2 Esslöffel Rosenwasser
1 Teelöffel Butter (kann man auch weglassen)
1 Teelöffel Speisestärke
etwas abgeriebene Zitronenschale

<u>Für den Teig</u>
150 g Weizenmehl
100 g Butter
50 g Zucker
1 Prise Salz

Bei 200 °C 30–40 Minuten backen.

Gebäck, Kuchen und Süßspeisen

Eine Brod-Tart zu machen

Man nimmt 12 Loth rein gestoßn Schwarzbrod von der obern Rinden, ein halb Pfund Mandlen drey vierling revenad Zucker ein halb Loth Zimmet ein wenig Muscatbluth, oder Schale von einer Citron gerieben auf dem Reibeisen, ein Stücklein Citronad klein geschnitten, 10 Eyer einhalb Glas voll guten alten weisen Wein. Die halbe Mandlen müssen mit Rosenwasser rein gestoßen werden, die andere mit Eyerweiß und Rosenwasser gestoßen. Der Zucker muß auch rein gestoßen und gesiebet werden. Der Zucker und das gelbe von den Eyern, der Zimmet und die Citronen, auch der Citronat die Muscathenbluth und Mandlen zusammen in eine Schüssel gethan, und auf einer Seiten gerühret, biß das Weiß von den Eyern zu einem dicken Schaum geklopft worden. Alsdenn rühret man den Schaum in die Schüssel und schmieret die Form mit zerlassenem Butter, und in dem Backofen gebacken.

„Muscatenblüte, Macis, und Muscaten-Nuß, Nux Moschata, Moscade sind herrliche Baumfrüchte, die aus Bantam, durch die Holländer zu uns heraus gebracht werden. Ihr Geruch ist lieblich, ihr Geschmack balsamisch, und ihre Wurckung kräfftig und durchdringend. Weil diese Früchte unter andern auch das Hertz und Magen stärcken, werden sie in der Küche vielfältig an den Speisen gebraucht, davon selbige eine schmackhaffte und gesunde Güte bekommen, welches bey denen Speisen deutlich wird zu sehen seyn."

Tipp: Das Eigelb mit den Zutaten schaumig schlagen, das Eiweiß separat zu Schaum schlagen und unterziehen.

Stilleben mit Brot und Früchten. Gemälde von Jean Siméon, um 1780.

250 g geriebener Pumpernickel
250 g Mandeln
250 g sehr feinen Zucker
1 Teelöffel Zimt
Muskatblüte
abgeriebene Schale einer halben Zitrone
1 Glas Weißwein
4 Esslöffel Rosenwasser
1 Teelöffel fein geschnittenes Zitronat
4 Eier
1 Teelöffel Butter

Bei 175 °C circa 1 Stunde backen.

Gebäck, Kuchen und Süßspeisen

Nim 5 viertel Mehl 1/2 Pfund Butter 6 Eyer 1/2 Schoppen Milch, mache sie laulich und rühre obiges Mehl und Butter damit an. Die Eyer verklopfe nach und nach hinein. Thue auch ein wenig Zucker und Rosenwasser oder Zimmetwasser hinein. Rühre und klopfe den Teig wohl, biß er Blasen schlägt, als denn thue ein Löfel voll gute Hefe hinein. Beschmiere die Formen mit Butter und bestreue sie mit Mandln. Thue den Teig hinein, und stelle ihn an einen warmen Ort, daß er hübsch hebt, backe ihn hernach auf Kohlen oder im Backofen.

Ein guter Türkischerbund

350 g Mehl
250 g Butter
6 Eier
½ Liter Milch
100 g Zucker
1 Esslöffel Rosenwasser
30 g Hefe
Mandelblätter für die Form

Bei 175 °C zirka 1 Stunde backen.

Amaranthes meint: „Türckischer Bund, Auch Turban oder Tulipan genennet, ist ein von weisser zarter Leinwand um den Kopff geflochtenes und gewundenes Tuch, dessen sich das Türckische Frauenzimmer zu bedienen pfleget: In Teutschland findet man dergleichen Tracht und Mode an etlichen Orten ebenfalls." Möglich, dass diese Form dem Kuchen seinen Namen gegeben hat. Wir backen ihn einfach in der Gugelhupfform.

Kugel Hopf

Nim 5 viertel Mehl und 1/2 Pfund Butter. Den Butter thut man in 1/2 Schoppen Milch und läßt es ein wenig warm werden. Die Helfte rührt man mit ein wenig kalter Milch an. Schlage 7 Eyer eins nach dem anderen in den Teig, thue ein wenig Zucker und Salz hinein und klopfe ihn eine gute halbe Stunde.

Tipp: Wer weniger Eier verwenden möchte, kann diese durch etwas Backpulver ersetzen.

Schaumig rühren
250 g Butter
200 g Zucker
Rum- oder Vanillearoma
1 Prise Salz

Dann abwechselnd einrühren
½ Liter lauwarme Milch
7 (kleine) Eier
625 g Mehl

1 Stunde bei 175 °C backen.

Möglicherweise hat man den „Kugel Hopf" damals in solchen Kupferformen gebacken. Deutsch, 18. Jahrhundert.

Gebäck, Kuchen und Süßspeisen

Backofen Küchlein

1 Liter Milch
125 g Butter
soviel Mehl, dass der Teig trocken wird
125 g Zucker
2 Esslöffel Zimtwasser
6 Eier

Bei 175 °C etwa 15–20 Minuten backen.

Nimm 1 Schoppen Milch 1/4 Pfund Butter, thue ihn zur Milch. Wenn die Milch siedet; so rühre Mehl hienein, biß der Teig dick genug wird, und trockene ihn auf Kohlen, bis er sich glatt aus der Pfanne loß machen läßt. Er muß so fest seyn wie ein dicker Knöpfgesteig. Thue ihn alsdenn in eine saubere Schüssel und klopfe ihn biß er kalt wird. Thue hinzu ein viertel Pfund Zucker, 2 Löffel voll Zimmetwasser, 6 Eyer, eins nach dem andern in dem Teig verschaft, und verklopfe den Teig so lang mit einem Kochlöffel, biß er Blasen ziehet, hernach setze ihn auf ein Blech, so mit Butter bestrichen, einen Löffel voll nach dem andern, und backe ihn langsam im Backofen nach dem Brod.

Mandel-Kuchen zu machen

Der mürbe Mandelkuchen hat einen sehr exquisiten, feinen Geschmack.

500 g abgezogene gemahlene Mandeln
40 ml Rosenwasser
375 g Zucker
abgeriebene Schale einer Zitrone
20 g gewürfeltes Zitronat
1 Teelöffel Zimt
1 Eiweiß
Zucker

Schäle 1 Pfund Mandlen, stoße sie rein, mit 2 Loth Rosenwasser, dazu 3/4 Pfund reingestoßenen Zucker, wohl unter die Mandlen vermischet, und hernach in einer Pfanne gedrocknet. Nimm von einer Citron die Schale klein geschnitten, ein Loth Zitronat auch klein geschnitten, nach belieben gestoßenen Zimmet, und ein Eyerklar. Dieses thue alles unter die getrockneten Mandlen. Mache es mit einem Kochlöfel wohl untereinander zu einem Teig, wurke ihn auf einem Brett oder Tisch, und mache einen fingers dicken Kuchen daraus. Diesen bestreiche mit Eyerdotter, und thue Streu Zucker, Mandlen und Citronat darauf. Hernach laß 1/2 Stunde in einer Tartenpfanne oder Backofen backen.

Zum Bestreichen
1 Eigelb
Zucker
Mandelblättchen
Zitronat nach Belieben

Bei 175 °C zirka 45 Minuten backen.

Ein Mandelprey von Reiß

- 125 g Reis
- 50 g Zucker
- ¾ Liter Milch
- 3 Tropfen Bittermandelöl
- 1 Esslöffel Rosenwasser
- abgeriebene Schale einer Zitrone
- 2 Eier

Mit diesem Rechaud aus Zweibrücker Porzellan, um 1768, ließ sich der „Mandelprey" bestens warm halten. Vor allem Wöchnerinnen wurden auf diese Weise verwöhnt.

Nimm ein viertel Pfund Reiß, stoße ihn klein, wie Grieß, hernach thue ihn in eine Schüssel, stoße fast ebenso viel Zucker, nachdem man süß liebet, thue ihn dazu, rühre es wohl untereinander, als denn schütte gute süße Milch dazu, schütte es in eine meßingene Pfanne, setze es auf Kohlen, und rühre es so lang biß es gar ist. Wenn er dick will werden; so schütte als Milch nach. Wilt du ihn recht gut machen; so nim 10 biß 12 bittere Mandeln mit Rosenwasser gestoßen, von einer Zitron die Schale, abgerieben an Zucker, und darein gethan.

Wenn er gar ist; so schütte ihn auf eine flache Blatte. Es müssen 4 Eyerdotter hineingerührt werden, wenn man ihn eben anrichten will. Laß ihn kalt werden schneide von Papier Blumen, Stern, oder was du wilt, legs auf den Brey, streue Zucker und Zimmet darauf, heb die Blumen wieder ab, so ist es fertig.

Tipp: Die Eier trennen, das Eiweiß mit 1 Esslöffel Zucker sehr steif schlagen und unter den kalten Reis ziehen, sofort servieren.

Eine Reiß-Tart

- 125 g Reis
- ¾ Liter Weißwein
- Saft und abgeriebene Schale einer Zitrone
- 2 Esslöffel Zitronat
- 100 g Löffelbiskuit
- 100 g Zucker

Für den Mürbteig
- 150 g Weizenmehl
- 80 g Butter
- 1 Ei
- 1 Esslöffel Zucker

Nimm ¼ Pfund Reiß, brühen ihn 3 mal mit Wasser, schütte das Wasser ab, thue 1 Schoppen Wein darauf, lasse ihn 6 biß 8 Stunden in heißer Asche stehen, nimm von 2 Citronen die Schale kleingeschnitten, den Saft und das Mark davon thue zum Reiß, wie auch ¼ Pfund kleingeschnittenen Citronat, ½ vierl. Biscuit, ¾ Pfund Zucker, dieses alles mache untereinander, und laß es auf dem Feuer auf kochen, rühre es biß es kalt wird, als denn fülle es in Spanischen Teig und backe es in einer Tartenpfanne.

Tipp: Den Reis auf kleiner Flamme quellen lassen, bis er gar ist. Den ganzen Kuchen bei 175 °C etwa 60 Minuten backen.

Gebäck, Kuchen und Süßspeisen

Pfüttlen zu backen

Nimm 1/2 Schoppen Milch, einer Nußgroß Zucker, und ebensoviel Butter, eines fingers lang Zimmet. Dieß laß kochen, thue hernach Weißmehl dazu, biß zu glaubst, daß es genug seye, rühre es auf dem Feuer recht trocken ab; Hernach thue auch von 7 bis 8 Eyern die Hälfte ganz dazu, von den andern nur das gelbe.

So appetitlich angerichtet, passen die „Pfütlen" gut zu ihrem lustigen Namen.

1/2 Liter Milch
1 Teelöffel Zucker
1 Teelöffel Butter
1 Zimtstange
soviel Mehl, dass der Teig trocken wird
4 ganze Eier
4 Eigelb

Bei 175 °C etwa 15–20 Minuten backen.

Wasser-Pfütlen

Man nehme ein halbes Pfund frischen Butter 1/2 Pfund Mehl, 8 Eyer und 1 Pf. Wasser. Man thue das Wasser und den Butter nebst ein wenig Salz aufs Feuer, daß es siedet, und in die Höhe steigt, als denn thut man das Mehl dazu, schaft es wohl, und thut ein Ey nach dem andern dazu, ein wenig Zucker, 2 Löffel voll Brandenwein: Hernach setzt man es auf ein Blech, und backet es im Offen. Das Blech darf nicht geschmiert und mit Mehl bestreut seyn.

125 g Butter
125 g Mehl
4 Eier
1/2 Liter Wasser
Salz
2 Esslöffel Zucker
2 Esslöffel Kirschwasser oder Rum

Amaranthes kennt das Gebäck nicht, möglicherweise handelt es sich um eine regionale Spezialität. Trotz des eher faden Namens sind Wasser-Pfütlen von interessantem Geschmack; vermutlich ist dies der vielen Butter und dem Schnaps zu danken. Mit Marmelade bestrichen sind sie noch besser.

Glossar

A
Amarellen Kirschen
Ancken Butterschmalz
aufzähmen Hühner in eine bestimmte Form bringen, s. S. 53/54

B
Baumöhl Olivenöl
Bügel Schulterblatt vom Rind

C
Canarien Zucker sehr feiner Zucker
Capaun kastrierter Hahn
Capersbrühe Kapernsoße
Cardemomen Kardamom
Casserole Schmortopf

D
Dimiean Thymian
Durchschlag Sieb

E
Eyerbrod s. Rezept S. 63
Eyer-Käs Quark mit Eiern
Eyertart Rahmkuchen

F
Fäten Därme
Feylsaft Veilchensaft
Förmger Förmchen
Fülsel Füllung

G
Gallert Sülze
gebrüchter Teig Brandteig
gellen Fische ausnehmen
gemelt tüchtig, angenehm
Grundlen Bodenfische, nahe Verwandte der „Schmerlen"
Grußlen Stachelbeeren

H
häb Hefe
Hafen großer Kochtopf
Häflein/Häfgen kleiner Kochtopf
Hahnbutte Hagebutte, getrocknet in Apotheken erhältlich
Hippen Eisen Waffeleisen für glatte Waffeln
Hippen/Hüppen Waffeln

I
Ingber Ingwer

J
Jus (Schie) Fleisch-, bzw. Bratensaft

K
Karch Brustpanzer
Käß Artischockenboden
Kalbsnieren Kalbskotlett
Knoblauchkeimgen Knoblauchzehe
Körbel Kerbel

L
laxieren verflüssigen
Loth 15,5 Gramm
Lickenweck süßer, weicher Wecken

M
Maas 2,14 Liter
Massa Masse
Mayron Majoran
Meßel/Mesgen 0,53 Liter
Morgeln Morcheln
Mörsel/Mörschel Mörser
Muskatblüthe Macis, pulverisierter Samenmantel der Muskatnuss

N
Nägelein/Naglein Gewürznelken
NB nota bene = wohlgemerkt oder beachte
Nierenfett das die Nieren umgebende Fett, beim Metzger erhältlich
Nieren Stück Filet

P
Peterling Petersilie
Pestena Pastinaken
Pfütlen Gebäck
Pfund 496,5 Gramm
Pomeranze Bitterorange
Poth Topf

Q
Qual(l)en Keule, Schlegel
Qintlein 1 Loth = 5 Quintlein = 3,88 Gramm

R
Rämftgen Brot-, bzw. Pastetenkruste
rein hacken sehr fein hacken, faschieren
Revenad Raffinade
Rosenwasser Rosendestillat (erhältlich in Apotheken)
Rückel Kalbsbries
rädig in Scheiben
Rothrüben rote Bete

S
Salm Lachs
Salpeter-Salz wird zum Pökeln und Kühlen verwendet
Salvet Serviette
Schoppen 0,53 Liter
Seihbecklein/Seyhgen Sieb
sieden erhitzen, nicht kochen lassen
spanischer (Brod)Teig Brotteig mit „ausländischen" Gewürzen
Speckgrüben Grieben
Spinnet Spinat
Stollhafen irdener Topf mit Füßen
Strauben Fettgebackenes
Suppe gilt für Suppen, Soßen und Cremes
Sutt tun aufkochen lassen

T
Tart(e) flacher Kuchen
Tartenpfanne flache Backform, s. Rezept S. 113
Timian Thymian
Trechtertrofe Trichter
Turschen Krautstrunk

U
überzwerg quer
um die Wahl ein wenig

V
verdampfen dämpfen
verhauen klopfen
Vierling Hohlmaß, 2,1 Liter

W
wahlen ausrollen
werflicht in Würfeln
wilgeren ausrollen
Wieholensaft Holundersaft

X
Xr Abkürzung für Kreutzer

Z
Zellery Sellerie
Zieger(le) Quark
Zuckerbrod s. Rezept S. 112
Zucker läutern Zucker schmelzen lassen und klar kochen

Sie **schlemmen** und *genießen* gern?

Oder wissen noch nicht, was Sie heute Mittag kochen?

Dann sind Sie genau richtig im SWR4-Kochclub!

Außergewöhnliche und ausgefallene, internationale, nationale, regionale Rezepte und ihre Geschichten.

Montags bis freitags im SWR4-„Radioladen", kurz vorm Mittagessen um viertel vor zwölf

SWR4-Hörertelefon 06131 / 929 4004
www.swr4.de

Da sind wir daheim.